ASSOCIATION AMICALE

DES

ANCIENS ÉLÈVES DE L'ÉCOLE NORMALE DE MIRECOURT

NOTICE

SUR

L'ÉCOLE NORMALE

DE MIRECOURT

PAR

J.-B. GRAILLET

Agrégé de l'Université, Officier de l'Instruction publique.

DEUXIÈME ÉDITION

ÉPINAL

IMPRIMERIE BUSY, CH. HUGUENIN,

1894

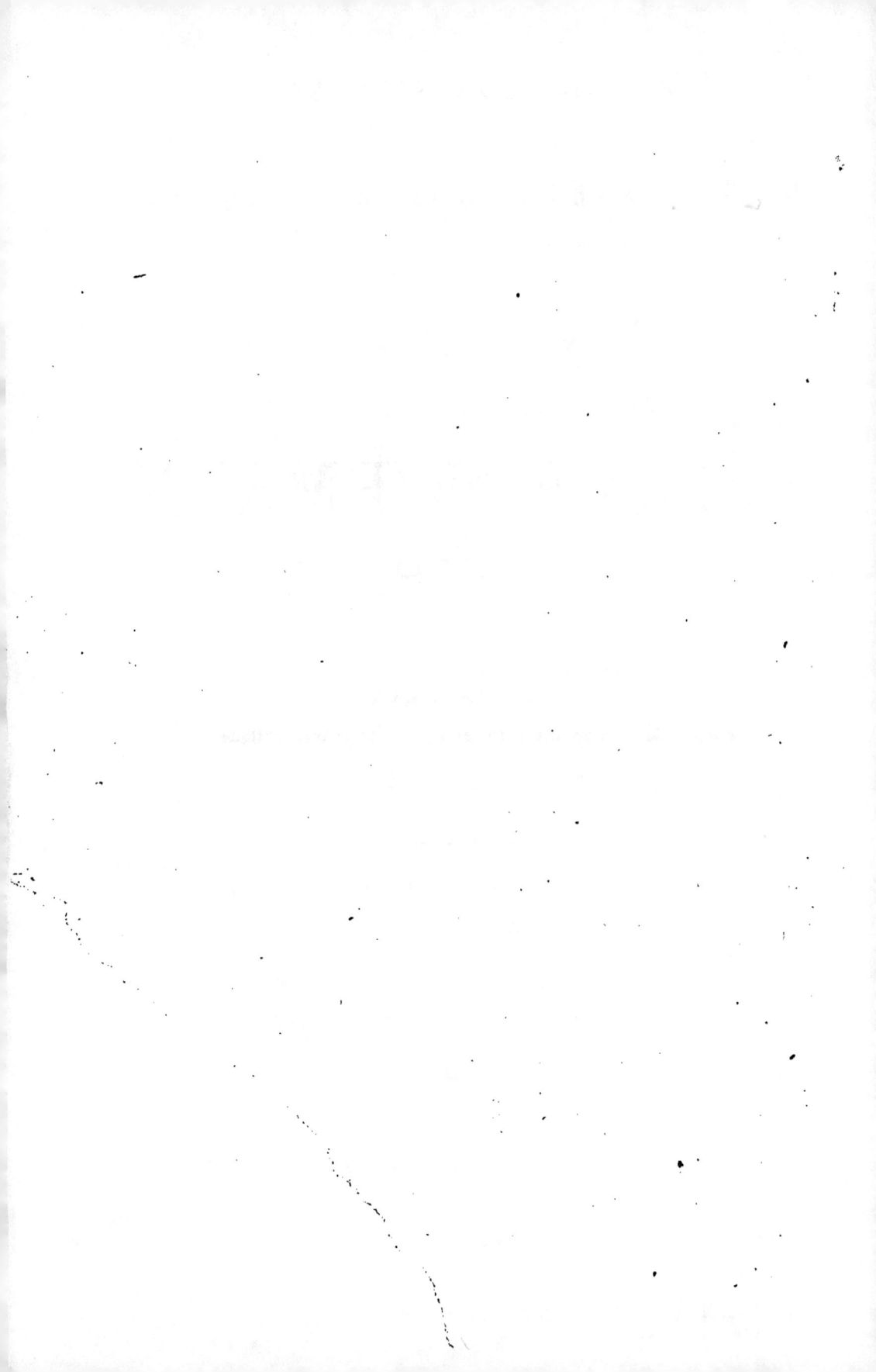

ASSOCIATION AMICALE

DES

ANCIENS ÉLÈVES DE L'ÉCOLE NORMALE DE MIRECOURT

———————*———————

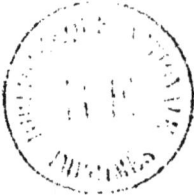

NOTICE

SUR

L'ÉCOLE NORMALE

DE MIRECOURT

PAR

J.-B. GRAILLET

Agrégé de l'Université, Officier de l'Instruction publique.

————

DEUXIÈME ÉDITION

————

ÉPINAL

IMPRIMERIE BUSY, CH. HUGUENIN, SUCCESSEUR

——

1894

PRÉFACE

DE LA DEUXIÈME ÉDITION

————

Mon intention, en écrivant la Notice sur l'École normale *de Mirecourt, était d'amener les Instituteurs à aimer davantage encore l'École qui les a formés, et à resserrer entre eux les liens de bonne et franche camaraderie par la constitution d'une Association amicale des anciens élèves de l'École normale.*

Or, l'Association amicale étant fondée, c'est à elle que je fais hommage de cette Notice, qui devient ainsi la propriété des anciens élèves de l'École.

Je remercie le Comité d'avoir bien voulu accepter ce faible témoignage de ma sympathie, et je souhaite que la Notice sur l'École normale de Mirecourt, *revue et mise à jour par les anciens élèves eux-mêmes, puisse être utile à la prospérité de l'Association amicale.*

GRAILLET.

INTRODUCTION

Les Écoles normales destinées à former des maîtres pour les écoles primaires publiques n'existaient pas sous l'ancien régime.

C'est à la Convention que revient l'honneur d'avoir fondé la première École normale qui n'eut, d'ailleurs, qu'une existence tout à fait éphémère (1).

L'Empire organisa l'Université ; il ne fit presque rien pour l'enseignement primaire.

Le décret du 17 mars 1808, au lieu d'établir des Écoles normales pour recruter les Instituteurs, créa, dans les Collèges et les Lycées, des classes normales (2).

Un tel système ne pouvait donner que de médiocres résultats.

Enfin la loi du 28 août 1833 organisa véritablement, en France, les Écoles normales primaires d'institu-teurs (3). — Quant aux Écoles normales d'institutrices,

(1) « Il sera établi à Paris une École normale où seront appelés, de toutes les parties de la République, des citoyens déjà instruits dans les sciences utiles pour apprendre, sous les professeurs les plus habiles dans tous les genres, l'art d'en-seigner. » (*Décret du 9 brumaire*, an III, art. 1er).

(2) Art 108.... « Il sera établi auprès de chaque Académie, et dans l'intérieur des Collèges et des Lycées, une ou plusieurs classes normales destinées à for-mer des maîtres pour les écoles primaires... »

(3) Art. 11. — « Tout département sera tenu d'entretenir une École normale primaire soit par lui-même, soit en se réunissant à un ou à plusieurs départe-ments voisins. »

elles ne furent rendues obligatoires que par la loi du 9 août 1879 (1).

Cependant, avant la loi de 1833, plusieurs départements avaient compris la nécessité d'établir des Écoles normales afin de former des Instituteurs véritablement dignes de ce nom.

Le département des Vosges, toujours l'un des premiers lorsqu'il s'agit de progrès à réaliser ou de sacrifices à faire dans l'intérêt de la patrie, se trouva, ici encore, à la tête du mouvement.

« Fondée l'une des premières, la troisième, en 1828, l'Ecole normale des Vosges a trouvé une généreuse hospitalité dans les bâtiments du Collège de Mirecourt jusqu'en 1864. Depuis cette époque, elle est installée dans les locaux qui viennent d'être agrandis de façon à pouvoir y loger les 75 élèves-maîtres actuels au lieu de 60 seulement. » (*Annuaire de l'instruction publique dans les Vosges*, par M. Ch. Merlin, 1885).

De 1828 à 1833, nous n'avons pas trouvé de documents nous permettant de connaître l'organisation de l'École normale des Vosges. Nous ne savons absolument rien sur le nombre des élèves, les conditions d'admission, la durée des études, etc.

Le premier règlement concernant les Ecoles normales primaires date du 14 décembre 1832.

---

(1) Art. 1er. — Tout département devra être pourvu d'une École normale d'instituteurs et d'une École normale d'institutrices suffisantes pour assurer le recrutement de ses instituteurs communaux et de ses institutrices communales. Ces établissements devront être installés dans le laps de quatre ans à partir de la promulgation de la présente loi... Un décret du Président de la République pourra, sur l'avis conforme du Conseil supérieur de l'Instruction publique, autoriser deux départements à s'unir pour fonder et entretenir en commun, soit l'une ou l'autre de leurs Écoles normales, soit toutes les deux... »

Ce règlement, élaboré par le Conseil royal de l'Instruction publique, déterminait les matières de l'enseignement, décidait que le cours d'études serait de deux années, fixait les conditions d'admission des élèves-maîtres, et imposait au Directeur l'obligation « *de tenir un registre divisé en autant de colonnes qu'il y a d'objets d'enseignement, sur lequel il inscrit les notes relatives au travail des élèves, à la conduite et au caractère de chacun.* » (Art. 23.)

Dès la rentrée de novembre 1833, ce registre fut établi à l'Ecole normale de Mirecourt. Il constitue le document le plus ancien des archives de l'Ecole, et il nous a permis de donner, à la fin de cette notice, le tableau de tous les élèves entrés à l'Ecole normale depuis le mois de novembre 1833 jusqu'à l'année actuelle (1887).

Le registre des délibérations de la Commission de surveillance, depuis 1844, nous a fourni aussi de précieux renseignements. Enfin nous avons puisé dans l'*Annuaire du département des Vosges* (1827-1846); dans l'*Annuaire de l'Instruction publique* dans les Vosges; dans le *Bulletin de l'Instruction publique du département*, ainsi que dans les procès-verbaux des délibérations du Conseil général.

Pour établir la liste des élèves-maîtres entrés à l'Ecole de 1833 à 1886, avec les indications relatives à la position actuelle de chacun d'eux, nous avons été aidé par d'anciens élèves de l'Ecole, notamment par MM. Mangeonjean, inspecteur primaire à Saint-Dié; Thomas, aide-archiviste à Epinal; Chapellier, instituteur en retraite à Nancy; Lécolier, instituteur en retraite à Senones ; Pierron, instituteur en retraite à Dombasle-en-Xaintois ; Parisot, instituteur en retraite à Contrexéville ; Perrin, directeur de l'Ecole primaire supérieure de Charmes ; Henry, directeur de l'Ecole primaire supérieure de Thaon ; Hocquard, directeur de l'Ecole primaire supérieure de Gérardmer ; Demange, instituteur à Anould ; Haumonté, à Nomexy ; Bouchy, à Ramonchamp ; Petitjean, à Saint-Nabord ; Dalbanne, à Hennezel ; Baly, à Pair-et-Grandrupt ; Foucal, au Grand-Valtin ; Moniot, à Ruaux ; Fairise, à Attigny ; Mansuy, à Légéville ; Coltat, à Velotte ; Hayotte, à Raon-aux-Bois ; Kienzel, à Mandray ; Saint-Dizier, à Dombasle-en-Xaintois, etc., etc.

Nous leur adressons ici nos plus sincères remerciements. Grâce à leur concours empressé, nous avons pu indiquer la situation actuelle de presque tous les anciens élèves de l'Ecole.

Il nous manque des renseignements à ce sujet sur une soixantaine d'anciens élèves, mais nous espérons pouvoir combler prochainement cette petite lacune. Nous recevrions donc avec plaisir les communications qui nous seraient adressées soit pour nous aider à compléter notre travail, soit pour nous signaler des erreurs ou des omissions.

Mirecourt, le 10 juillet 1887.

L'ÉCOLE NORMALE DE MIRECOURT

I

L'ANCIENNE ÉCOLE NORMALE

L'École normale des Vosges ne fut, au début, qu'une classe normale annexée au Collège de Mirecourt.

Les conditions pour l'admission des élèves-maîtres n'étaient sans doute pas réglées. Les élèves pouvaient entrer à toute époque de l'année, et la plupart sortaient avant la fin du cours d'études. Le règlement du 14 décembre 1832 fut même impuissant à faire cesser immédiatement cet état de choses.

Ainsi, sur 20 élèves entrés à l'École normale en 1833, neuf seulement font une seconde année. Du mois de février au mois de juillet 1834, seize nouveaux élèves arrivent à l'École, et huit d'entre eux sortent, au mois de septembre suivant, après l'examen du brevet de capacité. Ils n'avaient donc suivi les cours de l'École que pendant deux ou trois mois ! Ce fait est facile à expliquer : beaucoup de communes, désirant alors ne confier leurs écoles qu'à des jeunes gens munis du brevet, réclamaient avant tout des élèves de l'École normale.

Ce qui frappe également, c'est la différence d'âge des candidats. Dans cette promotion de 1833, l'un des élèves n'a que 16 ans, huit ont de 17 à 19 ans, et onze sont âgés de 20 à 26 ans.

Dès cette époque cependant, l'École normale des Vosges se distinguait par les résultats obtenus. On lit, en effet, dans le *Manuel général de l'Instruction primaire* du mois de novembre 1834 : « L'École normale de Mirecourt est peut-être celui des établissements de ce genre qui offre les résultats les plus extraordinaires par les progrès étonnants de ses élèves dans tous les genres d'instruction. Chaque partie de l'enseignement est suivie avec un égal succès. Les élèves, par leur facilité de langage, leur aplomb, leur assurance et leur contenance décente et modeste, semblent déjà des maîtres expérimentés. Cet établissement mérite tous les éloges et les encouragements possibles. »

Mais la facilité avec laquelle les élèves quittaient l'École avant la fin du cours d'études, était très préjudiciable. Aussi l'autorité supérieure prit une mesure qui fut favorablement accueillie par tous les amis de l'instruction.

Par arrêté du 11 octobre 1833, le Conseil royal de l'Instruction publique décida qu'aucun élève-maître ne pourrait se présenter aux examens du brevet de capacité avant d'avoir achevé le cours d'études de l'École normale.

A partir de cette époque les élèves firent les deux années d'études réglementaires. Les Commissions d'examen furent obligées de respecter l'arrêté du 11 octobre 1836. Si quelques-unes voulurent passer outre, les brevets délivrés par elles furent annulés. C'est ainsi qu'à la session d'août 1847, la Commission d'examen du département des Vosges ayant délivré le brevet de capacité à un élève de première année de l'École normale de Mirecourt, qu'elle avait admis à l'examen de sa seule autorité, avant la fin du cours d'études, ce brevet fut annulé par décision ministérielle en date du 12 octobre 1847.

La marche des études étant devenue régulière, les résultats obtenus furent très satisfaisants. Dans son Rapport au Roi, du 1er novembre 1841, sur l'état de l'Instruction primaire en France, M. le Ministre de l'Instruction publique cite l'École normale de Mirecourt comme l'une des meilleures du royaume. (*Annuaire du département des Vosges*, 1843.)

Enfin les lignes suivantes, extraites de la *Délibération de la Commission de surveillance* du 29 juillet 1846, témoignent des services rendus par l'École normale à la cause de l'Instruction primaire :

« Tous les jeunes gens que l'École a formés jusqu'aujourd'hui ont obtenu le brevet de capacité ou élémentaire ou supérieur ; ils sont généralement placés dans des communes importantes où, en général, ils se font remarquer par la sagesse et la régularité de leur conduite, par la bonne tenue et l'heureuse direction de leurs études. Ce sont les élèves-maîtres de l'École normale que les communes recherchent avec le plus d'empressement. »

Le nombre maximum des élèves fut fixé à l'origine à quarante, divisés en deux années ; la moitié des élèves-maîtres obtenaient des portions de bourses, les autres étaient pensionnaires libres.

Lorsque, en 1851, il fut décidé que le cours d'études serait de trois années, on reconnut la nécessité d'augmenter le nombre des élèves-maîtres. A partir de 1860, on admit vingt élèves par année de manière à porter l'effectif de l'École à 60 élèves.

Mais alors une grave difficulté se présenta. Comment loger 60 élèves dans un établissement déjà beaucoup trop restreint pour 40 ? Le local étant reconnu tout à fait insuffisant, la question de l'agrandissement de l'École fut posée.

II

LA NOUVELLE ÉCOLE

La première idée fut d'installer l'École normale dans les bâtiments de la gendarmerie, contiguë au Collège, afin de pouvoir maintenir les deux établissements universitaires sous la même direction. (*Délibération de la Commission de surveillance*, 12 septembre 1859.)

Ce projet ne fut pas approuvé par l'administration supérieure qui réclamait, depuis quelque temps déjà, la mise en régie de l'École normale et qui désirait la séparation afin de pouvoir opérer cette réforme (1).

Il fallait donc construire un bâtiment spécial pour l'École. C'est ce qui fut décidé en 1862.

La ville de Mirecourt offrit un terrain de deux hectares et vingt mille francs. L'État promit une subvention de trente mille francs. Le reste de la dépense, qui devait s'élever à environ cent mille francs, fut à la charge du département.

La nouvelle École fut construite en 1862, 1863 et 1864, d'après les plans de M. Clarinval, architecte de l'arrondissement de Mirecourt.

L'emplacement avait été bien choisi. Bâtie sur un coteau qui domine la ville au sud-ouest, l'École normale est admirablement située au point de vue hygiénique.

On avait pensé qu'il était bon d'éloigner l'École du centre de la ville et de la placer en quelque sorte au milieu des champs (*Délibération de la Commission de surveillance* du 12 septembre 1859.)

Mais on avait compté sans le progrès qui transforme tout. Du jour au lendemain les solitudes les plus profondes ne sont-elles pas troublées par le sifflet d'une locomotive? C'est ce qui arriva pour l'École normale de Mirecourt.

---

(1) La Commission de surveillance eut à délibérer plusieurs fois sur la question de la mise en régie. Jamais elle ne donna un avis favorable, parce qu'il était difficile d'imposer au directeur, en même temps principal du Collège, d'avoir deux comptabilités, de scinder le personnel de ses domestiques, etc. D'ailleurs, la cuisine et le réfectoire étaient communs. Les élèves-maîtres prenaient leurs repas après les élèves du Collège, mais dans la même salle.

Isolée d'abord, reliée à la ville par un chemin très étroit et à peine praticable pendant l'hiver, l'École normale se trouve aujourd'hui dans l'un des quartiers les plus beaux et les plus animés. Elle est voisine du chemin de fer et de la gare et une double avenue la met en communication avec la ville.

Au mois d'octobre 1864, les bâtiments de l'École furent occupés par les élèves ; mais il restait à créer le jardin, à tracer, empierrer et sabler les allées, à établir des plantations, etc.

Pour jardin, il n'y avait qu'un terrain d'une nature ingrate. Cependant, dès le mois d'avril 1865, le *Bulletin de l'Instruction publique* du département des Vosges parlait en ces termes des travaux horticoles accomplis à l'École normale de Mirecourt :

« Depuis le mois de novembre les élèves ont consacré une heure et demie par jour et trois heures le jeudi, d'abord à la création puis à la culture d'un jardin ; il y a maintenant soixante-dix-huit ares de terrain en culture. Depuis le mois de novembre il a fallu défricher, défoncer, rapporter de la terre végétale et exécuter des travaux de nivellement.

« Aujourd'hui les élèves ont planté, semé, de sorte que ce terrain qui n'était qu'un amas de terre glaise, est en état de produire et offre déjà un bel aspect. Les élèves ont exécuté ces travaux avec un entrain et un plaisir marqués. »

Depuis 1865, grâce aux bonis réalisés chaque année, grâce aux libéralités du Conseil général, la situation matérielle de l'École normale ne cessa de s'améliorer. En 1868, on construisit une chapelle ; et, en 1869, les murs de clôture du jardin furent élevés.

En 1874, la Commission de surveillance ayant demandé à l'État un tableau pour la décoration de la chapelle, il fut accordé une *Descente de Croix* de Prosper Guérin. Ce tableau se trouve aujourd'hui dans la salle de la bibliothèque.

Mais ce qui importait avant tout, c'était de procurer à l'École l'eau nécessaire aux différents services. Pendant les années 1868, 1870, 1872, l'Administration avait été obligée de faire amener, à grands frais, l'eau indispensable à la maison. On creusa donc, en 1874, un quatrième puits plus profond que les trois autres existant déjà, et, depuis ce moment, l'École n'a plus manqué d'eau, même pendant les plus grandes sécheresses.

L'eau qui sert à l'alimentation des élèves a été analysée, en 1885, par M. Lebègue, pharmacien à Mirecourt. « Les deux échantillons d'eau qui m'ont été confiés par M. le Directeur de l'École normale, dit M. Lebègue dans son rapport, ont été analysés par moi avec la plus sérieuse attention. Je leur ai trouvé une composition identique qui doit les faire classer dans la catégorie des eaux potables de qualité assez bonne, bien qu'elles contiennent en sels de chaux (sulfate, chlorure et carbonate), 25 centigrammes par litre très approximativement. Cette proportion n'est du reste pas très considérable, car on en trouve, dans certains quartiers de la ville, de bien plus calcaires encore. Je les ai enfin soumis à une série d'essais chimiques et je n'y ai trouvé aucun principe délétère pouvant occasionner certaines maladies ou en favoriser le développement. »

Ainsi l'eau des puits de l'École est de qualité assez bonne. Mais comme ces puits sont très rapprochés des fosses et des égouts, ne pouvait-on pas craindre qu'il se produisît des infiltrations? Afin d'éviter les fâcheuses conséquences d'un tel accident, il a été installé, en 1892, deux filtres Chamberland, système Pasteur, qui alimentent toute la maison.

Enfin, il ne faut pas oublier, parmi les améliorations faites à l'École normale, la plantation d'arbres dans la cour des récréations.

La cour intérieure était complètement privée d'ombre. Au

mois de juillet 1865, le généralissime des armées turques, Omer-Pacha, étant venu passer une saison à Contrexéville, visita l'École normale de Mirecourt. Le noble étranger, frappé sans doute de l'aridité de cette cour nue, exposée aux rayons d'un soleil alors très ardent, demanda l'autorisation de faire planter à ses frais soixante arbres d'alignement dans la cour de l'École.

On s'empressa d'accepter cette offre si gracieuse, et M. Renaud, pépiniériste à Bulgnéville, fut chargé des travaux. Avant de quitter Contrexéville, Omer-Pacha solda le mémoire de M. Renaud, qui s'élevait à trois cent vingt-neuf francs trente-cinq centimes.

Ainsi, c'est à la générosité de l'un des plus grands capitaines de la Turquie que nous devons les tilleuls et les platanes qui ombragent la cour de l'École normale.

III

L'AGRANDISSEMENT DE L'ÉCOLE

L'École normale avait été construite pour recevoir soixante élèves. Mais, par suite de l'impulsion donnée à l'instruction primaire après nos désastres de 1870, et dont l'honneur revient en grande partie à un ministre vosgien, M. Jules Ferry, de nouvelles écoles furent créées, de nouveaux maîtres furent réclamés.

On décida que le nombre des élèves-maîtres de l'École normale de Mirecourt serait porté à soixante-quinze, et que des agrandissements auraient lieu de manière à loger au besoin quatre-vingt-dix élèves.

A la même époque (1880) le département des Vosges, conformément à la loi du 9 août 1879, se voyait dans l'obligation de construire une École normale d'institutrices.

Alors l'Inspection académique demanda que l'École normale d'instituteurs fût transférée à Épinal, tandis que l'École normale des institutrices serait installée à Mirecourt, dans le local devenu insuffisant pour l'École normale des garçons (1).

Ce projet ne fut pas adopté par le Conseil général, qui vota d'abord la création, à Épinal, d'une École normale d'institutrices, puis l'agrandissement de l'École normale de Mirecourt.

Un nouveau bâtiment fut élevé, en 1883, d'après les plans de M. Clarinval, le même architecte qui avait été chargé de la construction primitive. La dépense occasionnée par l'agrandissement de l'École et la transformation du mobilier scolaire s'éleva à près de cent mille francs. Mais grâce à ces sacrifices intelligents, l'École normale des Vosges se trouve, au point de vue matériel, dans d'excellentes conditions.

Les deux salles d'études, les trois amphithéâtres pour les classes, la salle de dessin, celle des plâtres, le réfectoire, le dortoir, la salle des chaussures, le lavabo, sont vastes, bien éclairés, bien aérés.

Le mobilier, renouvelé ou transformé, répond aux prescriptions des règlements scolaires. Un laboratoire parfaitement installé permet de faire manipuler trente élèves à la fois.

Des ateliers furent construits sous le préau, en 1884, mais ils n'étaient pas assez vastes pour donner l'enseignement collectif. Ils furent remplacés, en 1887, par une construction renfermant trois grandes salles : la première consacrée au travail du bois, la seconde à l'ajustage et la troisième au

---

(1) Cette proposition fut vivement combattue au sein du Conseil général par M. Derise, conseiller général et maire de Mirecourt, membre de la Commission de surveillance de l'École normale.

modelage. Chacun de ces ateliers renferme l'outillage indispensable à un bon enseignement du travail manuel.

Un jardin botanique, contenant déjà plus de quatre cents plantes, a été établi et se complète chaque année. Le cabinet de physique n'est pas très riche, mais il est suffisant pour une École normale primaire.

Les collections destinées à l'enseignement des sciences et du dessin sont au contraire assez complètes, et un musée scolaire est en voie de formation.

La bibliothèque, très vaste et bien installée, peut déjà rendre de réels services aux élèves et aux maîtres ; elle s'enrichit chaque jour, grâce aux dons du Ministère de l'Instruction publique.

Le gymnase, situé à l'une des extrémités du préau couvert, est assez vaste et largement pourvu d'appareils. Malheureusement, lorsque la bise souffle et que la neige s'engouffre sous le préau, il n'est guère possible de faire travailler les élèves au gymnase sans compromettre leur santé. C'est pour cette raison que le Conseil général a voté, à la session d'août 1893, un crédit de 1,470 francs destiné à clore le gymnase par une fermeture mobile qui garantira les élèves contre les intempéries de l'hiver, mais qui pourra être enlevée pendant l'été. Enfin, dans la grande cour intérieure on a établi, il y a quelques années, un tir réduit pour fusil scolaire, où les élèves s'exercent sous la direction du professeur chargé des exercices militaires.

En résumé, depuis la construction d'un nouveau bâtiment, depuis l'agrandissement des ateliers et la création d'une salle de modelage, la situation matérielle de l'École normale de Mirecourt ne laisse rien à désirer.

LE PERSONNEL DE L'ÉCOLE

I

DIRECTEURS

De 1828 à 1864, le Directeur de l'École normale de Mirecourt fut en même temps Principal du Collège communal ; les deux établissements se trouvant réunis dans le même local ne pouvaient avoir qu'une seule et même administration.

Le premier directeur de l'École normale des Vosges fut M. Forfillier (1828-1831). Il eut pour successeur M. Fricotel (1831-1833), qui fut lui-même remplacé par M. Henrion (1833-1840). Vint ensuite M. Malgras, dont le nom est resté populaire dans les Vosges. Pendant quatorze ans, de 1840 à 1854, il dirigea avec une grande habileté le Collège et l'École normale, jusqu'au moment où il fut appelé au poste d'Inspecteur d'Académie à Épinal.

En 1874, les instituteurs du département ayant ouvert une souscription pour élever un buste à M. Malgras, il fut décidé unanimement que ce buste serait placé à l'École normale (1). C'était là sa véritable place, car si M. Malgras se distingua comme inspecteur d'académie, c'est peut-être comme directeur d'École normale que sa carrière fut le plus remarquable.

On est frappé aujourd'hui, quand on lit les rapports qu'il présentait chaque année à la Commission de surveillance, de ses idées si élevées et des réformes qu'il ne cessait de réclamer. On voit que M. Malgras pressentait tous les progrès réalisés depuis quelques années.

---

(1) Le médaillon en bronze de M. Malgras, œuvre d'un artiste vosgien de grand talent, M. Ponscarme, se trouve aujourd'hui dans la grande salle d'études du premier étage.

Ainsi, à propos de l'enseignement de la géographie, il écrivait en 1849 : « Ne serait-il pas possible de donner dans le cours de géographie une part plus grande à tout ce qui concerne l'industrie, le commerce, les productions de chaque pays? On est, je crois, jusqu'à présent, resté trop circonscrit dans la sécheresse des nomenclatures présentées par les géographies en usage. »

Ce n'est qu'après les désastres de 1870 que l'on comprit enfin l'importance de la géographie, et que les ouvrages élémentaires destinés à l'enseignement répondirent au vœu exprimé par le directeur de l'École normale des Vosges.

Dès 1846, M. Malgras demandait aussi que l'examen du brevet de capacité fût mis en rapport avec les programmes des Écoles normales.

Il fallut arriver jusqu'en décembre 1884 pour voir définitivement admise cette réforme indispensable au progrès de l'enseignement primaire.

En 1848, lorsque la République fut proclamée, M. Malgras écrivait : « Il nous reste un dernier vœu à former. Ce vœu ressort des circonstances elles-mêmes. On vient d'admettre la gratuité pour les écoles spéciales du Gouvernement, l'École polytechnique, l'École de Saint-Cyr et l'École normale supérieure. Si l'on songe que le personnel des Écoles normales primaires se recrute surtout dans les classes les plus pauvres et les plus laborieuses, si l'on veut se rappeler que déjà une demi-gratuité a été établie par la monarchie elle-même par la création d'un certain nombre de bourses ; si l'on calcule les bienfaits que peuvent rendre les instituteurs primaires, il est à désirer que, dans les Écoles normales primaires plus qu'ailleurs, on admette le principe de la gratuité. Ce serait là une mesure profondément démocratique et à laquelle applaudiraient tous les amis de l'instruction primaire. »

Ce vœu, la troisième République le réalisa par le décret du 29 juillet 1881.

Dans ce même rapport de 1848 on remarque les lignes suivantes :

« Je dois dire enfin que l'établissement de la République et les bruits du dehors n'ont point un seul instant troublé les études de l'École normale ; il nous semble, au contraire, avoir remarqué parmi les élèves plus de travail, plus de soumission et une conduite plus exemplaire ; au reste, nous n'avons dû négliger aucune occasion de leur faire comprendre que, sous le régime nouveau, il fallait à l'homme plus de qualités, plus de mérites, et à l'instituteur plus de sciences et de vertus. »

Ces dernières lignes n'ont-elles pas conservé toute leur actualité ? Je crois pouvoir dire que la lecture des rapports de M. Malgras m'a fait réfléchir souvent sur bien des questions relatives à l'éducation des élèves-maîtres, et qu'elle m'a aidé quelquefois dans la mission difficile de former des instituteurs vertueux et instruits.

M. Malgras eut un digne successeur, M. Pidoux, qui mourut à la tâche en 1860.

Il fut remplacé par M. l'abbé Thollon, dont l'administration dura quelques mois seulement.

M. Haudouin prit ensuite la direction de l'École. Dans son rapport annuel du mois de juillet 1862, la Commission de surveillance constatait que, grâce à M. Haudouin, l'École normale des Vosges « avait reconquis le haut rang auquel les constants « efforts de ses précédents directeurs l'avaient fait parvenir. »

M. Haudouin fut le dernier directeur-principal. En 1864, l'École normale fut transférée dans les bâtiments actuels et complètement séparée du Collège.

Le premier directeur de la nouvelle École, M. Chartier, ne resta qu'une année à Mirecourt. Il eut pour successeur

M. Barbier, qui dirigea avec beaucoup de dévouement l'École normale des Vosges depuis le mois de novembre 1865 jusqu'à sa mort, février 1883.

II

PROFESSEURS

Si l'École normale de Mirecourt compte parmi ses anciens directeurs des hommes distingués, elle peut aussi être fière de la plupart de ses professeurs, tous dévoués et instruits. Plusieurs, comme MM. Gasquin, Mougel, Laurent, etc., ont occupé ou occupent encore aujourd'hui de hautes positions dans l'enseignement (1).

En 1833, le personnel enseignant était composé de :

MM. Henrion, directeur, chargé de l'enseignement de la langue française aux deux années ;

L'abbé Jacquin, chargé de l'Instruction religieuse ;

Sauvage, chargé des sciences mathématiques et physiques ;

Lépine, chargé de l'histoire et de la géographie ;

Dumont, chargé du dessin ;

Perney, chargé de l'écriture et des méthodes d'enseignement ;

Messemer, chargé de la musique vocale.

MM. Sauvage et Lépine étaient en même temps professeurs au Collège.

En 1838, M. Lagrue fut nommé professeur d'agriculture, et, à partir de 1839, M. Gaulard remplaça M. Sauvage dans l'enseignement des sciences.

---

(1) M. Gasquin est mort proviseur du Lycée de Reims. — M. Mougel est directeur de la Mission égyptienne à Paris, et M. Laurent, inspecteur primaire à Paris.

L'année suivante, M. Rouillon, maître-surveillant, fut chargé de l'écriture, en remplacement de M. Perney.

En 1844, M. Duprey fut nommé professeur de musique et de plain-chant, et M. l'abbé Poirson enseigna l'instruction religieuse.

Quelque temps après, M. Mangin entra à l'École comme maître-surveillant (1845), et M. Flambeau remplaça M. Duprey comme professeur de musique (1848).

Ainsi, pendant les vingt premières années, les matières les plus importantes : les sciences, l'histoire, la géographie, furent confiées à des professeurs du Collège. Mais lorsque le décret du 24 mars 1851 réorganisa les Écoles normales, le personnel fut distinct de celui du Collège et composé comme il suit :

Le directeur (M. Malgras).
Deux maîtres-adjoints (MM. Rouillon et Mangin).
Un aumônier (M. l'abbé Aubry).
Un maître de chant (M. Flambeau).

En 1856, la création d'une école annexe exigea la nomination d'un nouveau maître. M. Demange dirigea d'abord cette école ; il fut remplacé, en 1858, par M. Rouhier, ancien élève de l'École normale de Mirecourt, aujourd'hui docteur en médecine à Paris.

M. Rouillon mourut jeune, en 1855. Il eut pour successeur, dans l'enseignement de l'histoire, de la géographie et des sciences, M. Gasquin, qui fut remplacé lui-même, en 1859, par M. Mougel.

Au mois d'octobre 1864, lorsque l'École fut séparée du Collège, le personnel enseignant comprenait :

Le directeur (M. Chartier).
Deux maîtres-adjoints (MM. Mangin et Mougel).
Le directeur de l'école annexe (M. Cunin).

L'aumônier (M. l'abbé Salmon).

Le maître de chant (M. Flambeau).

Le maître d'harmonium (M. Hingre).

En 1865, M. Laurent, maître-adjoint chargé de l'histoire, de la géographie et des sciences physiques, remplaça M. Mougel.

L'année suivante, conformément au décret du 7 août 1861, un troisième poste de maître-adjoint fut créé. Alors, M. Cunin laissa la direction de l'école annexe à un nouveau maître, M. Durand, et il fut chargé lui-même d'une partie de l'enseignement du français.

Un poste de maître de gymnastique fut également créé en 1868 et occupé d'abord par M. Carré, puis, l'année suivante, par M. Geoffroy.

En 1869, M. Laurent, nommé inspecteur primaire, laissa l'enseignement de l'histoire, de la géographie et des sciences physiques à M. Streff, élève sortant de l'École normale spéciale de Cluny.

Après nos désastres, en 1871, le Conseil général vota un crédit de 1,500 francs pour la création, à l'École normale de Mirecourt, d'une chaire d'allemand qui fut occupée d'abord par M. Marchal, ancien élève de l'École de Cluny, aujourd'hui professeur au Collège d'Épinal ; puis par MM. Maybel (1875), Wœgel (1879), Gold (1880).

M. Mangin, admis à la retraite pour cause d'infirmités (1873), fut remplacé dans l'enseignement des mathématiques par M. Rinn.

En 1875, M. Grossein succéda à M. Cunin dans la chaire de littérature. Nommé inspecteur primaire en 1883, M. Grossein eut pour successeur M. Berte, maître-adjoint délégué, qui devint, en 1888, économe de l'École normale de Montbéliard.

Conformément à la loi du 15 juin 1879, le professeur départemental d'agriculture fut chargé d'un cours à l'École normale. Le premier professeur départemental pour les Vosges, M. Duroselle, enseigna à l'École de 1879 à 1883. Mais M. Duroselle ne remplissant p ' conditions de résidence exigées par l'article 6 de la loi du 15 juin 1879, fut mis en demeure d'habiter Mirecourt. Il préféra donner sa démission et fut remplacé par M. Le Bœuf, alors sous-directeur de la Ferme-École du Beaufroy.

En 1880, un quatrième poste de maître-adjoint ayant été créé, le nouveau professeur, M. Bourguignon, enseigna l'histoire et la géographie jusqu'en 1888. A cette époque, il fut appelé à l'École normale de Laon et remplacé par M. Picquard.

La même année, le cours de dessin (dessin géométrique et dessin d'imitation) fut confié à M. Bastien, ancien élève de l'École centrale.

C'est aussi en 1880 que l'on institua à l'École normale des Vosges un cours de sylviculture. Cet enseignement fut donné d'abord par M. Muel, inspecteur des forêts (1880-1884), puis par M. Michaud (1884-1888) et par M. Parisot.

L'application du décret du 29 juillet 1881, qui réorganisa les Écoles normales primaires, amena de nouvelles modifications dans le personnel enseignant.

Il y eut, dans chaque École normale, un économe chargé de la comptabilité et de la tenue matérielle de la maison. M. Streff ayant accepté l'économat, un nouveau professeur, M. Martin, fut chargé d'enseigner les sciences physiques et naturelles (1883).

En 1884, des ateliers furent installés. M. Thirion, mécanicien, donna aux élèves-maîtres les premières notions du travail manuel. Mais au commencement de l'année scolaire 1885-86, la direction des ateliers fut confiée à M. Martin, professeur de sciences, ancien élève de l'École normale primaire supérieure de Saint-Cloud, pourvu du certificat d'aptitude à l'enseignement du travail manuel.

Au mois de septembre 1886, M. Rinn ayant été appelé à l'École normale de Lons-le-Saunier, M. Gaudin, maître-adjoint délégué, le remplaça dans la chaire de mathématiques.

En 1887, après la mort de M. Flambeau, l'enseignement du chant fut confié à M. Cabasse qui, lui-même, fut remplacé, à sa mort, en 1892, par M. Gold.

En 1888, M. Patusset, successeur de M. Berte dans la chaire de littérature, fut admis à l'Ecole normale supérieure de Saint-Cloud. Il fut remplacé par M. Demay, qui enseigna la langue et la littérature françaises jusqu'au 1er janvier 1891. A cette époque, M. Demay fut nommé professeur à l'Ecole normale de Commercy par permutation avec M. Turquet.

C'est aussi en 1888 que M. Gaudin, professeur de mathématiques, fut appelé à l'Ecole normale de Quimper et remplacé par M. Vareil, ancien élève de l'École normale de Mirecourt et de l'École normale supérieure de Saint-Cloud.

M. Durand, directeur de l'École annexe, ayant été mis à la retraite en 1891, fut remplacé par M. Veuillequez.

Enfin, à la rentrée d'octobre 1893, M. Martin quitta l'École normale pour aller diriger une École primaire supérieure à Dijon. Il eut pour successeur M. Chalon, ancien élève de l'École de Saint-Cloud.

Actuellement (décembre 1893) le personnel enseignant de l'École normale de Mirecourt se compose :

1o Du directeur (M. Graillet), chargé de l'enseignement de la morale et de la pédagogie ;

2o De l'économe (M. Streff), qui enseigne l'écriture, la comptabilité et les sciences naturelles;

3o D'un professeur pour l'histoire et la géographie (M. Picquard);

4o D'un professeur de sciences physiques et naturelles (M. Chalon);

5º D'un professeur chargé de la direction de l'école annexe (M. Veuillequez);

6º D'un professeur de langue et de littérature françaises (M. Turquet);

7º D'un professeur de mathématiques (M. Vareil).

En outre sept maîtres spéciaux ou professeurs auxiliaires sont chargés de l'enseignement

du Dessin (M. Bastien),

de l'Allemand (M. Gold),

de l'Agriculture (M. Le Beuf),

de la Gymnastique (M. Geoffroy),

du Chant (M. Gold),

du Travail manuel (M. Chalon),

de la Sylviculture (M. Parisot).

Enfin un médecin est attaché à l'Ecole (M. Joyeux) (1).

L'ENSEIGNEMENT

L'enseignement dans les écoles normales primaires, d'après le règlement du 14 décembre 1832, devait comprendre:

1º L'instruction morale et religieuse;

2º La lecture;

3º L'arithmétique y compris le système légal des poids et mesures;

4º La grammaire française;

5º Le dessin linéaire, l'arpentage et les autres applications de la géométrie pratique;

---

(1) L'honorable juge de paix de Mirecourt, M. Bossu, a fait, presque jusqu'à sa mort, et gratuitement, un cours de rédaction des actes de l'état civil et de tenue des écritures de la mairie. Ce cours fut institué à l'Ecole normale en 1833 et confié à M. Bastien, substitut du procureur du roi. Tous les substituts qui se succédèrent à Mirecourt voulurent bien se charger de cet enseignement jusqu'au moment où M. Bossu accepta la mission d'apprendre aux élèves-maîtres les premières notions du droit usuel.

6º Des notions de sciences physiques applicables aux usages de la vie ;

7º La musique et la gymnastique ;

8º Les éléments de la géographie et de l'histoire de la France.

Le registre des notes trimestrielles de l'École normale de Mirecourt nous fait connaître que toutes ces matières y furent enseignées dès 1833, à l'exception de la gymnastique dont il n'est fait aucune mention.

Bientôt d'autres matières figurèrent à l'emploi du temps : c'est d'abord, sous le nom de *Méthodes d'enseignement*, un véritable cours de pédagogie fait par le directeur de l'École (deux heures par semaine) ; c'est ensuite un cours d'agriculture théorique et pratique ; c'est enfin la législation usuelle et, en particulier, la rédaction des actes de l'état civil et la tenue des écritures de la mairie.

L'arrêté du 17 juillet 1838 stipulait que les élèves de la première année, à la suite de l'examen de passage, seraient divisés en deux séries : la première comprenant les élèves présumés en état d'obtenir, à leur sortie de l'Ecole, le brevet du degré supérieur ; et la deuxième, les élèves qui devraient simplement se préparer au brevet du degré inférieur.

Cette prescription fut appliquée à l'Ecole normale de Mirecourt. Le rapport du directeur à la Commission de surveillance, en 1843, constate que M. Gaulard fait, deux fois par semaine, en dehors des heures de classes ordinaires, un cours supérieur de sciences « pour les intelligences qui peuvent étendre davantage le cercle de leurs études. »

Voici d'ailleurs quelle était la répartition des matières de l'enseignement pour l'année sc   ire 1843-44 :

Tableau des matières de l'enseignement pour l'année scolaire 1843-44.

MATIÈRES ENSEIGNÉES	NOMBRE D'HEURES par semaine		OBSERVATIONS
	1re année	2e année	
Instruction morale et religieuse.	2	2	
Lecture	1	»	La 2e année n'a pas de leçon spéciale de lecture. Les élèves lisent à haute voix, à tour de rôle, pendant les repas
Écriture	4	4	
Grammaire et orthographe.	5	5	
Sciences (mathématiques et physiques)	5	5	
Cours supérieur de sciences pour la préparation au brevet du 2e degré. .	»	2	Quelques élèves seulement étaient admis à suivre ce cours,
Histoire.	1	1	
Géographie	1	1	
Cosmographie	»	1	
Dessin.	3	3	Les deux années étaient réunies pour le dessin.
Musique, plain-chant . .	4	4	
Agriculture	3	1	Pendant l'hiver l'enseignement était théorique. La pratique se donnait au jardin pendant la belle saison.
Actes de l'état civil . . .	»	1	Pendant le semestre d'été seulement.
Méthodes d'enseignement	2	2	

A ces matières il faut ajouter un exercice physique qui devait plaire beaucoup aux élèves, c'est la manœuvre de la pompe à incendie.

L'École possédait alors une pompe à incendie. M. Dumont, capitaine des pompiers de la ville de Mirecourt, fut nommé en 1846, par arrêté ministériel, maître-adjoint à l'École normale pour la manœuvre de la pompe.

Il serait peut-être désirable que cet exercice fût rétabli à l'École normale. Il suffirait pour cela que le département fît l'acquisition d'une pompe. M. Geoffroy, le dévoué professeur de gymnastique de l'Ecole, l'un des officiers de la compagnie des sapeurs-pompiers de Mirecourt, se ferait, nous en sommes certain, un plaisir d'initier nos jeunes maîtres à la manœuvre de la pompe qui pourrait, le cas échéant, rendre des services soit à l'Ecole même, soit au dehors.

L'enseignement ne fut pas sensiblement modifié jusqu'au décret du 24 mars 1851. Cependant nous remarquons, en 1848, quelques changements importants :

Des classes spéciales de lecture sont établies pour la deuxième année ; et, au lieu de deux heures par semaine pour l'histoire et la géographie, quatre heures sont consacrées à ces deux matières dans chaque année.

Mais le décret du 24 mars et l'arrêté du 31 juillet 1851, appliqués à la rentrée d'octobre de la même année, allaient amoindrir considérablement l'enseignement donné jusqu'alors à l'École normale de Mirecourt.

La distinction entre les matières obligatoires et les matières facultatives était surtout fâcheuse à tous égards.

Si l'on compare le tableau ci-dessous avec celui que nous avons établi pour l'année 1843, on voit que les élèves des deux premières années n'ont plus de leçons d'histoire, plus de géographie, plus de notions sur les sciences physiques et naturelles, plus de leçons d'agriculture. Il est vrai qu'au lieu de deux heures, ils ont maintenant cinq heures d'instruction religieuse par semaine !

Les élèves de troisième année en sont réduits à une heure d'histoire et à une heure de géographie par semaine ! Nous sommes loin du programme de 1832.

(Voir le tableau ci-contre) :

Répartition des matières de l'Enseignement.

ANNÉE SCOLAIRE 1851-52

MATIÈRES ENSEIGNÉES	Nombre d'heures par semaine en		
	1re année	2e année	3e année
Matières obligatoires			
Instruction religieuse	5	5	3
Lecture et récitation	5	5	2
Ecriture	4	4	4
Calcul et système légal des poids et mesures.	5	5	5
Eléments de la langue française	5	5	5
Chant religieux.	4	4	4
L'Enseignement peut comprendre en outre:			
Matières facultatives			
Notions de sciences physiques et naturelles applicables aux usages de la vie. — Instructions élémentaires sur l'agriculture, l'industrie et l'hygiène.	»	»	5
Notions d'arpentage, de nivellement et de dessin linéaire	»	4	4
Eléments d'histoire et de géographie	»	»	2
Gymnastique	»	»	»

Bientôt on s'aperçut que la division de l'enseignement en matières obligatoires et en matières facultatives ne pouvait donner que de médiocres résultats. Les cours de sciences physiques et naturelles étaient délaissés par la plupart des élèves. En 1865, sur dix-huit élèves composant la troisième année, quatre seulement consentirent à suivre les cours de sciences. Le directeur déplorait qu'il en fût ainsi, et il constatait avec amertume que, pendant les dix dernières années (1855-65), la moyenne des élèves de l'École normale qui s'étaient présentés pour le brevet complet, n'était que de deux par année. Il regrettait que les élèves n'eussent pas été excités plus vivement à l'étude des matières facultatives.

Pour remédier à ce mal, la Commission de surveillance,

dès 1858, émettait le vœu que la plupart des matières dites
facultatives fussent rendues obligatoires pour tous les élèves
de la troisième année : « Attendu que les éléments d'histoire,
de géographie, de dessin linéaire, d'arpentage et d'agriculture sont nécessaires à tous ceux qui veulent occuper les
fonctions d'instituteur ; qu'en effet, même dans nos campa-
gnes les plus éloignées des villes, un grand nombre d'habi-
tants ont appris et possèdent ces matières ; qu'il ne serait
pas, dès lors, convenable que l'instituteur se trouvât au-
dessous de ses concitoyens, de ceux-là au milieu desquels il
est appelé à vivre, la Commission propose d'admettre tous
les élèves qui doivent passer en troisième année à suivre les
cours d'histoire, de géographie, de dessin linéaire, d'arpentage et d'agriculture. »

Ce vœu fut renouvelé en 1859, en 1860 et en 1861. En 1862
la Commission demande davantage : les sciences physiques
et naturelles elles-mêmes devraient être obligatoires pour
tous les élèves. « La Commission, persuadée que les instituteurs primaires devraient posséder, au sortir de l'École normale, un fonds de connaissances plus étendu, plus varié, est
d'avis qu'il y aurait lieu de supprimer la division de l'enseignement en enseignement obligatoire et enseignement
facultatif. Elle admet que l'enseignement donné à l'École
normale devrait être uniquement obligatoire pour tous les
élèves. »

Enfin, lorsque le décret du 2 juillet 1866 supprima cette
fâcheuse distinction, lorsque tous les élèves furent astreints
à suivre tous les cours de l'École, la Commission se montra
heureuse de cette importante amélioration, « due sans doute
à la forte impulsion donnée à l'Instruction publique par
M. le Ministre Duruy. » Elle se félicita « d'avoir poursuivi de
ses vœux, réitérés pendant sept années successives, un progrès que de bons esprits regardaient cependant comme un
danger. »

Le décret du 2 juillet accomplissait, en effet, une réforme considérable. Au lieu de permettre à quelques élèves seulement de suivre les cours des matières dites, autrefois, facultatives, la Commission de surveillance eut à désigner ceux des élèves de troisième année qui pourraient être exceptionnellement dispensés de suivre quelques-uns des cours.

La Commission de l'École normale de Mirecourt, fidèle à ses principes, obligea toujours *tous* les élèves de troisième année à suivre *tous* les cours de l'École.

A partir de 1866, conformément au décret du 2 juillet, les matières enseignées furent :

L'instruction morale et religieuse ;

La lecture,

L'écriture,

Les éléments de la langue française,

Le calcul et le système légal des poids et mesures,

L'arithmétique appliquée aux opérations pratiques,

La tenue des livres,

Les éléments d'histoire et de géographie générales et particulièrement l'histoire et la géographie de la France ;

Des notions de sciences physiques et d'histoire naturelle applicables aux usages de la vie ;

L'horticulture et des notions élémentaires sur l'agriculture, l'industrie et l'hygiène ;

Des éléments de géométrie, d'arpentage et de nivellement ;

Le dessin ;

Le chant ;

La gymnastique ;

Des notions d'administration communale et de tenue des registres de l'état civil ;

A l'École normale de Mirecourt, on ajouta, aux matières énumérées ci-dessus, l'étude de l'orgue (musique instrumentale).

Mais d'importantes modifications furent introduites dans l'enseignement des Écoles normales par le décret du 29 juillet et l'arrêté du 3 août 1881 : l'instruction civique, la littérature française, les notions de calcul algébrique, les exercices militaires, les travaux manuels, une langue vivante (à titre facultatif) furent autant de matières nouvelles enseignées aux élèves-maîtres.

Enfin, le décret du 9 janvier 1883 supprima l'enseignement religieux qui figurait à l'article 7 du décret du 29 juillet 1881, mais la langue vivante, qui était facultative, est devenue obligatoire (décembre 1884).

Aujourd'hui, l'enseignement donné à l'Ecole normale de Mirecourt comprend toutes les matières énumérées à l'article 82 du décret du 18 janvier 1887, plus un cours de sylviculture.

Les diverses matières de l'enseignement sont réparties conformément à l'arrêté du 10 janvier 1889.

L'ÉCOLE ANNEXE

L'Ecole annexe ne fut établie qu'en 1854. Avant cette époque les élèves-maîtres se préparaient à la pratique de l'enseignement par des exercices à l'école primaire annexée au Collège, où ils étaient appelés à faire certaines classes comme l'écriture, la grammaire, la lecture, le calcul.

En 1851, sur la demande de la Société de Saint-Vincent-de-Paul, établie à Mirecourt, les élèves de l'Ecole normale firent une classe tous les soirs, de huit heures à neuf heures, le jeudi et le dimanche exceptés, à une vingtaine d'apprentis de 12 à 18 ans presque complètement illettrés.

Mais au mois de novembre 1851, Monsieur le Ministre de l'Instruction publique demanda la création d'une école annexe pour exercer les élèves-maîtres à la pratique des méthodes d'enseignement. La Commission de surveillance, n'ayant trouvé aucun local propre à l'établissement de cette école, décida, après entente avec la municipalité de Mirecourt et avec l'instituteur communal, que, tous les jours, douze élèves-maîtres seraient envoyés à l'école communale de une heure à trois heures après midi. L'emploi du temps serait établi de manière que les élèves-maîtres pussent être exercés à l'enseignement de toutes les matières du programme. *(Délibération de la Commission de surveillance* du 8 décembre 1851.)

« Par ce moyen, ajoutait la Commission, une école annexe sera établie conformément au désir de Monsieur le Ministre. »

Ainsi, la Commission demandait que l'école communale pût tenir lieu d'école annexe. Sa proposition ne fut pas acceptée. Il n'en serait probablement plus ainsi aujourd'hui, car une école communale peut servir d'école d'application aux élèves d'une Ecole normale. En 1854, grâce à une subvention de la ville de Mirecourt, on annexa à l'Ecole normale une école primaire que le département prit à sa charge en 1856.

Dès la première année, l'école annexe fut fréquentée par 51 élèves. Trois ans après, en 1857, elle en comptait 56. Mais ce nombre augmenta considérablement, en 1865, lorsque l'école annexe fut installée dans les nouveaux bâtiments de l'Ecole normale.

En 1868 l'école annexe avait plus de 70 élèves. Alors la Commission de surveillance demanda, en faveur de cette école, la création d'un poste d'instituteur-adjoint. Cette proposition fut immédiatement adoptée.

Mais, en 1872, bien que l'école annexe fût fréquentée par plus de 80 élèves, l'administration supérieure supprima le poste d'instituteur-adjoint et décida que l'enseignement devait être donné uniquement par le maître-adjoint chargé de la direction et par les élèves-maîtres.

A partir de ce moment le nombre des élèves diminua peu à peu. Mais aujourd'hui, avec ses quarante élèves, l'école annexe représente bien le type d'une bonne classe à un seul maître.

C'est justement ce qu'il faut, car les écoles à un seul maître sont en très grande majorité dans le département des Vosges.

LES PROMENADES SCOLAIRES

L'enseignement de l'Ecole normale est complété par des visites aux fermes, aux usines, par des excursions botaniques et géologiques.

De 1883 à 1888, un crédit annuel de 500 fr. a été accordé à l'Ecole normale dans le but d'organiser des promenades scolaires qui ont produit d'excellents résultats sous tous les rapports. Ces excursions sont une récompense, une excellente mesure hygiénique et enfin un puissant moyen d'instruction.

En 1883, les élèves-maîtres, sous la direction de plusieurs professeurs, ont visité la belle et grande verrerie de Portieux (1) ; le réservoir de Bouzey, près Epinal, qui sert de bief de partage au canal de l'Est ; l'établissement de pisciculture de Bouzey et la tranchée de Truzey par laquelle le canal de l'Est traverse les Faucilles.

L'année suivante, pendant le congé de la Pentecôte, une excursion de deux jours permit aux élèves de visiter le Ballon

---

(1) Nous sommes heureux de pouvoir remercier ici M. Mougin, directeur de la verrerie de Portieux, de l'amabilité avec laquelle il a reçu l'Ecole normale, et des explications si précises et si complètes qu'il a bien voulu donner lui-même à nos élèves.

d'Alsace, la vallée des Charbonniers, Bussang, le Drumont, le col d'Oderen, Ventron et Cornimont (1).

En 1885 une nouvelle excursion fit connaître aux élèves la vallée de Basse-sur-le-Rupt, la Bresse, le Honeck, la Schlucht, Retournemer, Gérardmer, la cascade de Tendon. Cette promenade se termina par la visite d'une fabrique de papier appartenant à MM. Boucher, à Docelles. Là, comme à Portieux, l'Ecole normale fut fort bien accueillie, et M. Boucher jeune donna aux élèves-maîtres toutes les explications désirables.

En 1886, nous avons visité, dans une promenade de trois jours, Remiremont, le Val-d'Ajol, Plombières et la grande brasserie de M. Champion, à Xertigny. M. Wœgelé, directeur de la brasserie, fit une excellente leçon à nos élèves sur la fabrication de la bière. Mais M. Champion voulut que ses quatre-vingts visiteurs pussent témoigner de l'excellente qualité de ses produits. Aussi, pour remercier M. Champion de sa charmante réception, les élèves exécutèrent, sous la direction de l'un d'eux, les trois chœurs patriotiques : *Hymne aux Vosges,* la *Muette de Portici,* et *Gloire à la France.* Enfin, en 1887, nous avons fait, avec la troisième année seulement, une excursion au Ballon d'Alsace, à Giromagny, Belfort, Luxeuil, Fougerolles. Notre promenade s'est terminée par la visite des forges de la Chaudeau, près de Bains. Dans ces excursions, tous les élèves, munis de la carte d'état-major, sont exercés à la lecture de cette carte. Ils se dirigent eux-mêmes sans autres renseignements que ceux fournis par la carte, mettant ainsi en pratique les connaissances acquises précédemment.

(1) Pour tracer l'itinéraire de toutes nos excursions dans les montagnes des Vosges, j'ai eu recours à la haute compétence de M. le docteur Fournier, de Rambervillers, président de la section vosgienne du Club alpin. Je le remercie sincèrement des précieuses indications qu'il m'a fournies avec autant de bonne grâce que d'empressement.

Pendant ces promenades, les élèves-maîtres de troisième année, sous la direction de M. Martin, professeur de sciences physiques, prennent les vues photographiques des principaux sites des Vosges. Ces photographies, au nombre de plus de cinquante déjà, formeront le commencement d'un album qui s'enrichira probablement chaque année.

Chacune de nos promenades a été aussi l'objet d'un compte-rendu fait par tous les élèves. Lorsqu'on lit ces devoirs on est frappé d'y rencontrer à peu près les mêmes sentiments : plaisir causé par l'annonce de la promenade, admiration sincère des beautés de la nature, oubli des fatigues physiques, désir de voir renouveler souvent les excursions, etc. La manière de les exprimer, seule, varie d'un devoir à l'autre.

Je voudrais pouvoir citer entièrement quelques-uns de ces récits. Malheureusement, l'exiguité de ce travail ne le permet pas. Voici, du moins, à propos de l'excursion au Ballon, quelques extraits du compte-rendu de l'élève Conrard, de première année :

« Le premier juin était attendu impatiemment de tous les élèves de l'École normale de Mirecourt, car ce jour-là on devait partir en excursion au Ballon d'Alsace. L'itinéraire était ainsi tracé : le premier jour, ascension du Ballon, visite du pays environnant et retour à Bussang par la vallée des Charbonniers ; le second jour, visite du col de Bussang, ascension du petit et du grand Drumont et retour à Cornimont par le col d'Oderen.

« Ce voyage promettait beaucoup d'agrément, et depuis quelque temps il faisait tous les frais de nos conversations. Aussi, que l'on juge de notre désappointement, lorsque, la veille de partir, la pluie se mit à tomber à torrents. Nous étions désespérés, et c'était avec anxiété que nous regardions les nuages rouler dans le ciel et que nous surveillions les moindres mouvements de la girouette sur le toit. »

Ce début marque parfaitement l'état d'esprit dans lequel se trouvait toute l'École le samedi 31 mai 1884. Heureusement, pendant la nuit la pluie cessa ; et, le lendemain, le départ eut lieu au grand contentement de tous.

« Dès trois heures du matin, dit le jeune Conrard, je regardais par la fenêtre. O bonheur ! le ciel s'était tout à fait éclairci et les étoiles brillaient d'un magnifique éclat ; nous pourrions donc partir !

« A quatre heures nous descendons dans la cour ; le déjeûner se fit à quatre heures et demie. Je ne dirai pas qu'à ce moment-là nous fûmes bien exacts à la discipline ; on parlait un peu haut dans le réfectoire ; on se levait même de temps en temps de sa place pour regarder par les fenêtres, car on craignait beaucoup que le temps ne vint à changer subitement. »

Enfin, le départ a lieu. Rien de remarquable de Mirecourt à Épinal. Mais lorsqu'on remonte la vallée de la Moselle et que le train emporte nos touristes vers Remiremont, c'est à qui pourra regarder par la portière.

« A partir d'Épinal, quel changement dans le paysage ! Jusqu'à Dinozé nous voyageons dans une sorte de tranchée entre deux murailles de granit couronnées de genêts d'or et coupées de temps en temps par un coin de pré ou de bois. Mais, à partir de Dinozé, la vallée s'élargit, les montagnes s'élèvent graduellement ; à notre gauche nous avons la rigole d'alimentation qui amène les eaux de la Moselle dans le réservoir de Bouzey, et, plus bas, dans la prairie, la Moselle aux eaux claires qui serpente dans un lit de gravier...

« Plus nous avançons, plus le paysage devient magnifique et pittoresque ; les montagnes se couronnent de bois de sapins, et de magnifiques blocs de granit couverts de genêts, de bruyères, de digitales pendent à leurs flancs. Vous ne voyez, tout autour de vous, que de hautes montagnes, et puis, tout à coup, vous apercevez un golfe de prairies au fond duquel est assis un village, ou bien une étroite vallée qui va se perdre au loin.

« Mais le train marche toujours et l'on arrive à Remiremont, Rupt, Le Thillot, et l'on s'enfonce de plus en plus dans les montagnes.

« Tout à coup nous apercevons à droite un sommet couronné de neige : c'est le Ballon de Servance ; plus loin, un autre sommet encore couronné de neige : c'est le Ballon d'Alsace. Quelques minutes après le train s'arrête : nous sommes arrivés à Saint-Maurice.

« C'est là que doit véritablement commencer l'excursion.

« Nous nous formons devant la gare en trois colonnes pour faire l'ascension du Ballon. Au premier détour de la route nous regardons à nos pieds ; le village de Saint-Maurice s'étend au-dessous de nous dans l'étroite vallée de la Moselle ; il semble, qu'en étendant la main, on saisirait la flèche de son clocher. Devant nous, au-delà du village, s'étale une chaîne de montagnes arides, couvertes de blocs de granit, de cailloux roulés par les torrents ; au milieu de tout cela des petits champs de seigle clos de murs, de vrais jardinets...

« Mais la promenade doit servir aussi à l'instruction.

« Les bords de la route sont couverts d'une multitude de jolies plantes inconnues à la plaine et dont nous faisons une ample moisson... Bientôt nous entrons dans la forêt de sapins dont les sombres rameaux nous empêchent d'apercevoir les accidents de terrain... L'odeur pénétrante de la résine mêlée aux parfums exhalés par les mille fleurs dont le sol était couvert, embaumait l'air. De temps en temps le bruit d'une source tombant d'un rocher et courant sur les cailloux venait charmer nos oreilles. Ainsi, ces lieux agréables nous faisaient paraître moins longue la route que nous parcourions. Arrivés au Plain-du-Canon, la route faisant un brusque détour, nous nous décidons à la quitter pour gravir un sentier afin de couper au court. La montée était rapide, mais nous étions gais et courageux : on causait, on riait quand l'un d'entre nous faisait la culbute, et l'écho des bois répétait au loin nos éclats de voix.

« Bientôt on arrive à la Jumenterie. Encore quelques efforts et l'on atteindra le point culminant.

« Enfin à midi et demi nous sommes sur le sommet du Ballon : l'Alsace s'étendait devant nous. Dire les sentiments qui agitaient nos cœurs en ce moment m'est chose impossible ; pour moi, je me sentais vivement ému. Je la voyais, cette belle Alsace, qui nous a été enlevée si cruellement ; je voyais la maudite frontière qui la sépare de la France tracée sur la ligne de faîte des Vosges. Cette vue me brisait le cœur. Aussi, est-ce avec un religieux respect que je la saluai, cette belle terre, lorsque notre cher directeur, levant son chapeau, s'écria : « Avant de nous asseoir, Messieurs, saluons l'Alsace en signe d'espérance, saluons cette terre si française de cœur ! » On nous eût pris, à nous voir tous debout sur le roc, la tête découverte, pour des exilés revoyant après une longue absence le sol de la patrie. Jamais je n'avais senti comme en ce moment-là le feu du patriotisme brûler dans mon cœur !

« Après un repas champêtre sur le Ballon ; après avoir contemplé le magnifique paysage qui se déroulait sous les yeux, il fallut songer à la descente.

« Nous descendons le Ballon par un étroit sentier pratiqué dans une sorte de muraille à pic. A peine trouvons-nous sur notre passage quelques arbres rabougris auxquels nous pouvons nous suspendre, ce qui nous permet de nous arrêter parfois dans notre course rapide. Nous suivons ensuite la frontière du Sud au Nord : tantôt nous marchons sur des

blocs de granit, tantôt sur une belle pelouse verte ; tantôt
nous trouvons des fourrés épais, tantôt de jolis bosquets.
Nous prenons alors un sentier tracé dans un bois de sapins
qui se trouve à notre gauche : ce sentier doit nous conduire
dans la vallée des Charbonniers. La descente était rapide,
plus encore que celle du Ballon ; on courait, puis on se rete-
nait aux troncs de sapins ; on risquait à chaque instant de
rouler à terre, car le pied glissait sur le sol de la forêt couvert de débris de feuillage.

« Mais ce fut bien pis lorsque nous prîmes pour chemin
le lit d'un torrent desséché rempli de gros cailloux. Enfin
nous arrivons dans la vallée des Charbonniers, bien fatigués ;
mais, du moins, nous savons ce que c'est que de descendre
une montagne à pic.

« Un bon souper à l'hôtel des Deux-Clés, à Bussang, récon-
forta tout le monde. On coucha sur la paille, et le lendemain,
à six heures du matin, on commença l'ascension du Drumont.

« Du sommet du Grand Drumont la vue est splendide. A
l'Est s'étend la vallée de Saint-Amarin avec ses villages et
ses usines, dont les cheminées se dressent dans les airs.
Saint-Amarin lui-même est plus loin et se perd à nos yeux
dans la brume en avant du Ballon de Guebwiller qui élève
majestueusement sa tête au-dessus des autres montagnes.
Au Nord, à notre gauche, nous voyons le Honeck et, à notre
droite, nous distinguons le Ballon d'Alsace et le Ballon de
Servance avec leurs blancs sommets.

« Nous n'avions plus qu'à descendre le Drumont pour nous
trouver au Col d'Oderen sur la route de Krüth à Cornimont ;
mais je ne voulais pas quitter l'Alsace sans emporter d'elle
un souvenir : je cueillis un bouquet de pensées dont le sol, à
mes pieds, était parsemé. Pauvres petites fleurettes, déjà
fanées, vous que j'ai cueillies sur la terre d'Alsace, je vous

conserverai toujours comme le souvenir le plus précieux de mon voyage !

« La descente du Drumont s'effectue très facilement et l'on se met en marche pour Ventron où l'on déjeune, puis pour Cornimont.

« L'excursion était finie, le retour à Mirecourt devant avoir lieu en chemin de fer.

« Nous étions bien fatigués, dit en terminant l'élève Conrard, mais le voyage avait été si agréable, et je puis dire si instructif, que tout le monde oubliait ses fatigues pour ne parler que du plaisir. »

Ces quelques extraits d'un compte-rendu fait par un élève de première année suffiraient pour démontrer, s'il était nécessaire, l'utilité des promenades scolaires. Malheureusement, le crédit qui nous était alloué fut supprimé en 1888, et nous avons dû, bien à regret, renoncer à nos grandes excursions annuelles.

LE BUDGET DE L'ÉCOLE

L'Ecole normale de Mirecourt ne fut mise en régie qu'en 1865. Pendant trente-huit ans elle fut administrée à forfait par le directeur qui était en même temps, nous l'avons dit, principal du Collège.

A l'origine, le prix de la pension était presque entièrement à la charge des familles. En 1832, le département allouait une subvention de 2,400 fr. seulement, destinée au paiement de douze demi-bourses. Un peu plus tard, le Conseil général porta à seize le nombre des demi-bourses du département. Quatre demi-bourses furent ensuite fondées par l'Etat (1834). L'Ecole comptant quarante élèves, il y eut donc vingt demi-boursiers et vingt pensionnaires libres.

Le budget de l'Ecole pour l'année 1845 s'élevait, tant en recettes qu'en dépenses, à la somme de 20,114 fr.

Les dépenses se décomposaient ainsi :

1º Pour les traitements du personnel . . . . 4,234 fr.
2' Pour la nourriture, le blanchissage de 40 élèves, les
    frais de service intérieur, etc. 14,000
3º Pour les dépenses diverses. 1,880

                 Total 20,114

Cette dépense était supportée par le département, l'Etat et les familles dans la proportion suivante :

1º Département	Subvention pour les dépenses ordin.	5,014 fr.
	Entret. de 16 demi-bourses à 175 fr.	2,800
	Subvention pour dépenses extraord.	100

                 Total . . . . . 7,914 fr.

2º Etat	Subvention pour les traitements du personnel	1,000
	Entretien de 4 demi-bourses à 175 fr. . .	7C0

                 Total . . . . . 1,700 fr.

3' Familles	Compléments de 20 demi-bourses. . .	3,500
	Pension de 20 élèves libres.	7,000

                 Total 10,500

Ainsi, plus de la moitié de la dépense (10,500 fr.) restait à la charge des familles.

En 1855 le budget reste à peu près au même chiffre qu'en 1845.

Mais dix ans plus tard, en 1865, l'Ecole comptant 60 élèves au lieu de 40, le budget atteint la somme de 34,030 fr. :

Pour les traitements du personnel . . . . 11,250 fr.
Pour la nourriture, le blanchissage et les frais de ser-
    vice intérieur. 21,600
Pour les dépenses diverses. 1,180

                 Total 34,030

Les recettes se répartissent ainsi :

1º Département	Allocat. pour les dépenses ordinaires	10,130 fr.
	Bourses.	3,420
	Entretien de l'Ecole annexe . . .	1,300

Total	14,850 fr.

2º Etat	Allocation pour traitements du personnel. .	1,000
	Bourses	1,080

Total	2,080

3º Familles	Compléments de bourses	10,620 fr.
	Pension des élèves libres.	6,480

Total	17,100 fr.

Le prix de la pension était, en 1865, de 360 fr. au lieu de 350 fr. Il faut aussi remarquer qu'il y a un plus grand nombre d'élèves jouissant de portions de bourses que précédemment. Au lieu de donner des demi-bourses, on distribua, surtout en première année, des quarts de bourses. C'est ce qui explique pourquoi les compléments de bourses à la charge des familles s'élèvent à 10,620 fr., tandis que les pensionnaires libres ne paient plus que 6,480 fr.

En 1875, le prix de la pension est porté à 400 fr., et le nombre des élèves reste fixé à 60. Le budget arrive alors au chiffre de 44,428 fr.

Aux dépenses, les traitements du personnel figurent pour une somme de	16,700
La nourriture, le blanchissage, etc., pour.	24,000
Les dépenses diverses, l'entretien des bâtiments, du mobilier	3,728

Total	44,428

Les recettes étaient fournies par :

	Allocat. pour les dépenses ordin.	16,018 fr.
1° Le Département	Entretien de bourses.	7,800
	Entretien de l'Ecole annexe . .	1,800
	Allocat. pour dépenses extraord..	1,610
	Total	27,228 fr.

2° L'Etat	Allocation pour traitements du personnel .	1,000 fr.
	Entretien de bourses.	1,200
	Total	2,200 fr.

3° Les Familles	Compléments de bourses	12,200 fr.
	Pension des élèves libres	2,800
	Total	15,000 fr.

Ainsi, tandis qu'en 1865 les familles supportaient encore la moitié de la dépense (17,100 fr. sur 34,030), en 1875, sur une dépense totale de 44,428 fr. les familles ne fournissent plus que 15,000 fr., c'est-à-dire le tiers.

Enfin, en 1885, l'Ecole qui compte 75 élèves au lieu de 60, a un budget s'élevant à 68,339 fr.

Les traitements du personnel y figurent pour une somme de.	28,800 f.
La nourriture, le blanchissage, pour	28,684
Les fournitures scolaires, le chauffage, l'éclairage, pour.	6,875
Les dépenses diverses pour	1,780
Les dépenses extraordinaires pour	2,200
Total	68,339 fr.

Mais ce qu'il importe de constater, c'est que la gratuité ayant été établie par le décret du 29 juillet 1881, depuis ce moment les familles n'ont plus rien à payer.

La dépense est entièrement supportée par le département et par l'Etat (1).

Par les chiffres qui précèdent, il est facile de comprendre quelles améliorations ont dû être accomplies depuis quinze ans.

D'abord, le personnel enseignant est plus nombreux et mieux rétribué. On peut comparer, par exemple, le personnel de l'Ecole en 1865 avec celui de 1893.

L'Ecole comprenait en 1865 :

Un directeur au traitement de	2,400 fr.	
Un aumônier au traitement de	1,400	
Un maître–adjoint à	1,800	
Un second maître-adjoint à	1,200	(2)
Un troisième maître-adjoint à	1,200	
Un maître de chant à	350	
Un maître d'harmonium à	500	
Total	8,850 fr.	

Aujourd'hui le personnel se compose :

Du directeur au traitement de	4,500 fr.	(3)
De l'économe au traitement de	3,300	
Du directeur de l'Ecole annexe	3,000	(4)
D'un professeur de sciences physiques et de travail manuel.	2,800	
A reporter. . . .	13,600 fr.	

(1) En 1885, l'Etat avait pris à sa charge : 1° le traitement du professeur départemental d'agriculture (1,500 fr.) ; 2° une subvention de 500 fr. pour achats de livres et d'instruments pour l'enseignement des sciences ; 3° une subvention de 500 fr. pour promenades scolaires.

(2) Les maîtres-adjoints jouissaient en outre du bénéfice de l'internat, c'est-à-dire qu'ils avaient droit à la nourriture et au logement, mais alors ils étaient chargés de la surveillance, et, s'ils étaient mariés, ils devaient renoncer à la vie de famille.

(3) Plus une indemnité d'agrégation de 500 fr.

(4) Le département accorde, en outre, aux professeurs mariés, une indemnité de logement de 300 fr.

Report.	13,600 fr.
D'un professeur d'histoire et de géographie . . .	2,600
D'un professeur de littérature.	2,600
D'un professeur de mathématiques.	2,600
D'un maître spécial pour le dessin . . . . . : .	1,800
— — l'allemand	1,500
— — l'agriculture.	1,500
— - le chant	500
— — la gymnastique. . . .	900
— — la sylviculture	500
Total	28,100 fr.

On le voit, les professeurs sont beaucoup mieux rétribués qu'autrefois, mais il est juste d'ajouter que l'on exige d'eux des connaissances et des titres supérieurs.

Si nous comparons maintenant la dépense par tête, en ce qui concerne la nourriture, le blanchissage et les fournitures scolaires, nous trouvons les rapports suivants :

1° Pour la nourriture .	En 1865	215 50
	En 1885.	336 33
2° Pour le blanchissage	En 1865.	12 94
et le raccommodage .	En 1885.	17 12
3· Pour les fournitures	En 1865.	16 05
classiques	En 1885.	22 41

Le prix de la pension qui était de 360 fr. en 1865, atteignit 500 fr. en 1885. Il a fort peu varié depuis cette époque.

L'ÉTAT SANITAIRE

Pour comprendre la différence considérable qui existe entre les chiffres que nous venons de citer, il faut songer à ce qu'était la nourriture il y a trente ans. Le pain n   ? n'était pas toujours donné à discrétion ! Jamais de viande au repas du soir. C'est justement en 1865, à la rentrée d'octobre que l'on a ajouté un plat de viande au repas du soir, le jeudi et le dimanche seulement. *(Délibération de la Commission de surveillance,* du 8 août 1865.)

Les quantités de légumes et de viande données actuellement sont plus considérables qu'autrefois. (170 grammes de viande cuite et désossée par élève et par jour.)

Aujourd'hui les élèves ont du vin le matin au déjeuner (12 centilitres), ainsi qu'aux deux repas principaux de la journée (33 centilitres).

Autrefois la ration était plus faible. Bien plus, on la supprimait lorsque le vin était trop cher. C'est ce qui arriva en 1855.

Si les améliorations apportées à la nourriture ont occasionné une dépense un peu plus considérable, elles ont eu, du moins, une conséquence heureuse au point de vue sanitaire.

Depuis 1883, année où commencèrent les améliorations dont il vient d'être parlé, les frais d'infirmerie n'ont pas cessé de diminuer. La dépense, qui s'élevait à 4 fr. 10 par tête en 1882, n'atteint plus que 2 fr. 65 en 1885, 1 fr. 98 en 1891 et 0 fr. 89 en 1892.

D'autres améliorations ont contribué d'ailleurs au maintien d'un état sanitaire très satisfaisant.

Depuis 1884 les élèves changent de linge deux fois par semaine. La dépense pour le blanchissage est devenue un peu plus forte, mais le résultat a été excellent aussi bien au point de vue moral qu'au point de vue physique.

Le chauffage et l'éclairage ont été aussi améliorés. Il n'y a pas bien longtemps que les 60 élèves de l'Ecole étaient éclairés, à l'étude, par six lampes à mèches plates qui, non-seulement éclairaient fort mal, mais qui enfumaient la salle au point que, malgré les vasistas, il était difficile d'y respirer. Ce système d'éclairage fut remplacé en 1883 par des lampes mitrailleuses en nombre suffisant. Les nouvelles lampes éclairaient bien mais à la condition d'être très bien entretetenues. Or les élèves n'avaient pas toujours le temps de les préparer convenablement.

Aussi, en 1887, grâce à la bienveillante sollicitude du Conseil général qui n'a jamais reculé devant les sacrifices nécessaires pour améliorer la situation matérielle de l'Ecole, l'éclairage au pétrole a été remplacé par l'éclairage au gaz plus commode, plus propre et tout aussi hygiénique, car, avec les précautions prises, nous espérons que l'éclairage au gaz n'aura aucun inconvénient.

De toutes ces améliorations, il est résulté un état sanitaire excellent. Les maladies sont très rares. Bien souvent l'infirmerie reste close pendant deux ou trois mois. Nous devons ajouter que les élèves malades reçoivent les soins empressés de M. le docteur Joyeux dont l'habileté et le dévouement sont bien connus. Aussi, nous sommes heureux de remercier publiquement M. Joyeux du zèle avec lequel il remplit depuis trente-cinq ans ses fonctions de médecin de l'Ecole normale.

LA COMMISSION DE SURVEILLANCE (1)

Malgré bien des recherches il nous a été impossible de trouver le premier registre des délibérations de la Commission de surveillance. Le plus ancien de ceux qui se trouvent à l'Ecole date de 1844. Cependant nous avons trouvé, dans l'*Annuaire* du département, les noms des membres de la Commission, à partir de 1838.

La Commission de surveillance, du mois de septembre 1844 au mois de juillet 1893, a tenu 329 séances et statué sur 646 affaires.

---

(1) Depuis le décret du 18 janvier 1887, la Commission de surveillance est désignée sous le nom de Conseil d'administration.

Elle n'a cessé de témoigner à l'Ecole toute sa bienveillante sollicitude en réclamant les améliorations reconnues indispensables. Elle a su, dans des circonstances difficiles, prendre des résolutions énergiques, et elle a contribué largement aux progrès de l'instruction primaire dans les Vosges. Presque toujours ses décisions furent approuvées par l'autorité supérieure, et la plupart de ses vœux furent accueillis favorablement. En un mot, la Commission de surveillance, dans la limite de ses attributions, a toujours apporté la plus grande attention à tout ce qui était capable d'augmenter le bien-être matériel et les progrès intellectuels et moraux des élèves-maîtres.

Nous donnons ci-dessous la liste des notabilités qui ont pris part aux travaux de la Commission :

Tableau des Membres de la Commission de surveillance (1838-1893)

NOMS DES MEMBRES	QUALITÉS OU FONCTIONS	DATE de la nomination
MM. Collard,	Sous-Préfet de Mirecourt.	1838(1)
Cornebois,	Conseiller général.	1838
Parisot,	Curé de Mirecourt.	1838
Lenfant,	Juge de paix à Mirecourt.	1838
Contal,	Avocat à Mirecourt.	1838
Mangin,	Secrétaire de la Mairie.	1838
Lhôte,	Receveur de l'Hospice.	1840
Laprevote,	Maire de Mirecourt.	1840
Guyot-Desherbiers,	Sous-Préfet.	1842
Bertrand,	Sous-Préfet.	1846
Gaspard,	Notaire et Maire.	1846

(1) Les membres composant la Commission en 1838, avaient peut-être été nommés avant cette date.

NOMS DES MEMBRES	QUALITÉ OU FONCTIONS	DATE de la nomination
MM.		
Buffet,	Conseiller général.	1846
Cournault,	Sous-Préfet.	1848
Bastien,	Procureur de la République.	1848
Mammès,	Sous-Préfet.	1853
Pommier,	Maire de Mirecourt.	1856
Laprevote, Henri,	Conseiller général.	1857
Aubry, Edmond,	Conseiller d'arrondissement.	1857
Soleilhet,	Sous Préfet.	1858
Delmas,	Sous-Préfet.	1861
Evrard,	Maire de Mirecourt.	1864
Gravier,	Curé de Mirecourt.	1868
Hepp,	Sous-Préfet.	1871
Morlot,	Conseiller d'arrondissement.	1872
Legay,	Sous-Préfet.	1873
De Salles,	Sous-Préfet.	1876
Borelli,	Sous-Préfet.	1876
Grandgeorge,	Conseiller général.	1877
Derise,	Avocat, Maire de Mirecourt.	1877
Pointu,	Sous-Préfet.	1877
Laurenceau,	Sous-Préfet.	1880
Albert Ferry,	Conseiller général.	1880
Vautrin,	Maire de Neufchâteau.	1880
Lebrunt,	Président de la Société d'Emulation à Epinal.	1880
Gautier,	Industriel à Monthureux-s.-Saône.	1880
Conus,	Inspecteur d'Académie.	1881
Barrierre,	Chef de section au chemin de fer de l'Est.	1881
Malgras,	Sous Inspecteur des Forêts.	1881
Dauzat,	Inspecteur d'Académie.	1882
Bidou,	Sous-Préfet.	1884

NOMS DES MEMBRES	QUALITÉS OU FONCTIONS	DATE de la nomination
MM. Blondel,	Professeur à la Faculté de Droit de Nancy, Conseiller général des Vosges.	1884
Collignon,	Sous-Préfet.	1884
Millet,	Procureur de la République.	1884
Denys,	Président du Tribunal civil.	1885
Mougin,	Conseiller général.	1886
Thouvenin,	Inspecteur d'Académie.	1886
Urguette,	Adjoint au Maire de Mirecourt.	1887
Gillet,	Président du Tribunal civil.	1889
Lambert,	Conseiller général à Châtenois.	1889
Harmand,	Sous-Préfet.	1891
Ridoux,	Inspecteur d'Académie.	1891
Chaudey.	Inspecteur d'Académie.	1892
Joyeux.	Conseiller général.	1893

Actuellement (1893), le Conseil d'administration est composé de :

MM. Chaudey, Inspecteur d'Académie, président ;

Derise, Maire de Mirecourt ;

Lambert, Conseiller général ;

Joyeux, Conseiller général ;

Harmand, Sous-Préfet de Mirecourt ;

Gillet, Président du Tribunal civil à Mirecourt ;

Graillet, Directeur de l'Ecole.

LE RÉGIME INTÉRIEUR

A l'origine l'Ecole normale de Mirecourt reçut des internes et des externes. Mais à partir de 1833, le nombre des externes diminue. On n'en compte plus que deux en 1834, et deux en 1835; en 1836, il n'y a plus que des internes.

Le maintien de la discipline fut ainsi rendu plus facile et les études en profitèrent probablement; car, on a beau faire valoir les avantages de l'externat, l'internat avec tous ses inconvénients est encore préférable, au point de vue des études, pour des jeunes gens de 16 à 19 ans qui n'ont, pour la plupart, jamais quitté leur village. Cependant nous devons reconnaître que l'internat, tel qu'il existait autrefois, constituait un système d'éducation très défectueux. Aussi nous avons applaudi à la réforme libérale introduite récemment dans les Ecoles normales.

La discipline d'ailleurs a toujours été bonne à l'Ecole normale de Mirecourt. Les élèves, en général, sont animés d'excellentes intentions; ils sont travailleurs et faciles à diriger lorsqu'on leur parle le langage du bon sens et de la raison.

Les peines infligées pour infractions à la règle ont été rares. De 1845 à 1893, c'est-à-dire pendant les quarante-huit dernières années, trois élèves seulement ont été exclus de l'Ecole; deux autres se sont vus obligés de donner leur démission qui a été acceptée par la Commission de surveillance. En outre, deux élèves ont été exclus temporairement pour une durée de quinze jours; un autre s'est vu retirer un quart de bourse. Enfin, la Commission de surveillance a infligé la peine de la réprimande publique à huit élèves.

Ainsi, sur 900 élèves-maîtres ayant fait leurs études à l'Ecole de 1845 à 1893, cinq seulement se sont rendus coupables de fautes assez graves pour entraîner l'exclusion ou la démission.

C'est justement alors que les élèves ne jouissaient d'aucune liberté et que la surveillance était excessive, que les infractions au règlement furent le plus nombreuses et que les fautes les plus graves furent commises.

Jusqu'en 1884, les élèves étaient constamment sous l'œil d'un maître. Pendant les récréations et les repas, la surveillance était aussi complète que pendant les études et les classes. Les maîtres-adjoints furent d'abord chargés, à tour de rôle, de cette surveillance. On comprend facilement les inconvénients qui en résultaient. Un poste de surveillant fut ensuite créé (1878) et confié à un jeune maître dont les fonctions étaient à peu près celles des maîtres d'études des Collèges et des Lycées.

Enfin, au mois de février 1884, le poste de surveillant fut supprimé. Depuis ce moment les élèves sont chargés de veiller eux-mêmes au maintien de l'ordre et de la discipline. Le règlement intérieur arrêté par le Conseil des professeurs, dans sa séance du 12 mars 1884, et approuvé par Monsieur le Recteur de l'Académie de Nancy, détermine les attributions et les devoirs de chacun :

« Art. 1er. — Les divers exercices de la journée sont réglés par l'emploi du temps approuvé par M. le Recteur.

« Art. 2. — Tout ce qui concerne l'ordre matériel et la bonne tenue de la maison est confié aux soins des élèves-maîtres sous le contrôle du directeur et de l'économe.

« Les élèves non chargés d'un service permanent participent, à tour de rôle, au balayage et au nettoyage des salles d'études, des classes, du dortoir, etc.

« Deux élèves de troisième année désignent, chaque semaine, les élèves de service et veillent à la bonne exécution de la tâche dévolue à chacun.

« Art. 3. — A tour de rôle, les élèves de troisième année veillent au bon ordre des études, des repas, des récréations et servent d'intermédiaires entre leurs condisciples et l'autorité.

« Art. 4. — Pendant les repas, il est permis aux élèves de parler. Ils se comportent toutefois comme on le fait en bonne société.

« Art. 5. — Au dortoir, des chefs de chambrée sont préposés chaque trimestre, par le Directeur, au maintien de l'ordre et de la discipline.

« Art. 6. — Le service de la bibliothèque est confié à tour de rôle aux élèves de troisième année, sous la direction d'un de leurs condisciples de la même année, nommé bibliothécaire à titre permanent.

« Art. 7. — Le Directeur, de concert avec les professeurs, désigne les élèves chargés temporairement ou d'une manière permanente des soins à donner au laboratoire, au cabinet de physique, aux collections, aux instruments d'arpentage, au musée pédagogique, à la salle des plâtres et aux ateliers.

« Art. 8. — Les services de la cloche, de l'éclairage et du chauffage sont donnés, chaque année, à des élèves désignés par leurs camarades.

« Art. 9. — Ce règlement, après application, pourra être modifié par le Conseil des professeurs avec approbation de M. le Recteur. »

Comme on le voit, l'administration a eu confiance dans cette jeunesse intelligente et honnête, et elle n'a pas lieu de s'en repentir.

Depuis 1884, les élèves sortent librement le dimanche ; jusqu'alors aucun abus n'a été signalé. Les élèves-maîtres ont tenu à montrer qu'ils étaient dignes de la liberté qui leur a été accordée. Ils ont gagné certainement au point de vue moral, et leurs progrès ont été également très sensibles en ce qui concerne la tenue et les manières.

Les élèves n'ont jamais abusé, à l'extérieur, de la liberté ; ils ont su aussi, à l'intérieur, à part quelques rares exceptions, se conduire comme de futurs maîtres de la jeunesse, parce qu'ils comprennent que la soumission à la règle, que la discipline est la première condition de bonnes et fortes études.

LE RECRUTEMENT DE L'ÉCOLE

Le recrutement des élèves-maîtres se fait assez facilement dans les Vosges. Nous ne connaissons pas le nombre des aspirants pendant les quinze premières années de l'existence de l'Ecole. Mais nous savons qu'en 1845, pour 20 élèves à admettre, il y eut 41 aspirants.

Dix ans plus tard, en 1855, le nombre des élèves à admettre étant de seize, il n'y a plus que 17 candidats. La Commission de surveillance, dans sa délibération en date du 18 août 1855, pense que cette diminution du nombre des candidats peut s'expliquer par la concurrence que faisait à l'Ecole normale, l'Ecole primaire supérieure annexée au Collège d'Epinal. Celle-ci présentait, en effet, chaque année, 20 à 25 élèves à l'examen du brevet élémentaire. Les meilleurs élèves des écoles primaires se rendaient de préférence à l'Ecole supérieure d'Epinal où ils obtenaient, après six mois ou un an, le brevet de capacité ; tandis qu'à l'Ecole normale, pour avoir le même titre, ils auraient dû rester trois années.

De 1855 à 1860, le nombre des aspirants à l'Ecole normale ne dépassa jamais 30. Mais il atteignit 38 en 1861, et 56 en 1865. Après les funestes événements de 1870, le chiffre des candidats tombe à 31 en 1871, et à 34 en 1872. Au concours de 1873, 48 aspirants s'étaient fait inscrire ; en 1876, il y eut 87 candidats, et 91 en 1885.

Mais à partir de 1886, le recrutement devient plus difficile. De 52, en 1887, le nombre des candidats tombe à 28 en 1888, à 36 en 1889, à 29 en 1890 et à 21 en 1891. Au concours de 1892, une amélioration se produit. En 1893, nous avions 44 aspirants pour 19 places.

Si l'on voulait rechercher les causes principales qui ont influé sur le recrutement, il faudrait tenir compte : 1º de la difficulté pour les Instituteurs de préparer leurs élèves à l'examen du brevet élémentaire, qui précède le concours d'admission à l'Ecole ; 2° de la durée trop longue du stage, ce qui éloigne bien des jeunes gens de la carrière de l'enseignement. Quant à l'obligation d'accomplir une année de service militaire, nous ne croyons pas qu'elle ait contribué à la diminution du nombre des candidats.

La plupart des élèves-maîtres sont des jeunes gens de la campagne. Nous avons recherché la profession exercée par les parents de tous les élèves entrés à l'Ecole de 1862 à 1892, et nous avons pu établir la statistique suivante :

Sur 567 élèves-maîtres entrés à l'Ecole pendant les trente dernières années (1862-1892) :

344 appartiennent à des familles de cultivateurs (fermiers, petits propriétaires, vignerons, ouvriers employés à l'agriculture) ;

135 sont fils d'ouvriers exerçant un métier (menuisiers, charpentiers, forgerons, cordonniers, etc.) ;

92 sont fils d'instituteurs ;

20 sont fils de gardes forestiers, facteurs, etc. ;

24 appartiennent à des familles de petits commerçants ou marchands forains ;

12 seulement sont fils d'ouvriers ou employés de fabriques ;

30 sont fils de veuves sans profession ou appartiennent à des familles dont la profession est inconnue.

Enfin, en recherchant le domicile des parents de tous les élèves admis à l'Ecole depuis 1833, nous avons trouvé que, sur les 530 communes du département, une centaine n'ont jamais fourni d'élèves-maîtres. La commune du Clerjus est celle qui a donné le plus d'élèves à l'Ecole normale (20). Viennent ensuite les communes de Fraize et de Gruey-les-Surance (chacune 17).

Les 1230 élèves admis à l'Ecole de 1883 à 1893 se répartissent ainsi par arrondissements :

Arrondissement de Neufchâteau 315
— Epinal 307
— Saint-Dié 266
— Mirecourt 263
— Remiremont 58
Départements limitrophes 17
Domiciles inconnus 4

Total. . , ... 1,230

Ainsi, l'arrondissement de Neufchâteau, exclusivement agricole, tient la tête. L'arrondissement d'Epinal le suit de très près. Les arrondissements de Saint-Dié et de Mirecourt ont fourni à peu près le même nombre d'élèves-maîtres. Mais Remiremont, où l'industrie est florissante, ne fournit pas, en moyenne, un élève par année.

LES RÉSULTATS DE L'ENSEIGNEMENT

De 1833 à 1849, l'Ecole normale de Mirecourt a présenté 267 élèves à l'examen du brevet élémentaire : 210 ont été admis, c'est-à-dire plus de 78 p. 100 ; et, parmi ceux qui ont échoué, beaucoup sont parvenus à obtenir le brevet après leur sortie de l'Ecole.

Dans la même période, le nombre des brevets supérieurs délivrés aux élèves sortant de l'Ecole normale s'est élevé à 24. Mais un certain nombre ont pu obtenir ce titre après leur sortie de l'Ecole.

De 1850 à 1864, 250 élèves-maîtres furent présentés à l'examen du brevet ; 205 obtinrent, à la sortie de l'Ecole, le brevet élémentaire (plus de 70 p. 100) et 20 le brevet supérieur.

De 1865 à 1885, nous savons que l'Ecole normale a présenté 399 élèves à l'examen du brevet élémentaire : 348 ont été admis immédiatement et 51 furent ajournés.

Parmi ces derniers, 32 ont réparé leur échec à la session suivante, 5 ont obtenu le brevet à une session ultérieure et 14 seulement, n'ayant pu conquérir leur titre, ont dû renoncer à l'enseignement.

Dans la même période (1865-85), 35 élèves ont obtenu le brevet supérieur et 77 le brevet facultatif. 63 ont conquis le brevet supérieur après leur sortie de l'École, et plusieurs sont arrivés au certificat d'aptitude aux fonctions d'inspecteur primaire, à la licence et même à l'agrégation.

Maintenant, l'École normale des Vosges agrandie, bien installée et réorganisée conformément au décret du 29 juillet 1881, répondra-t-elle aux sacrifices du département et de l'État ? C'est ce que l'avenir fera connaître.

En attendant, nous pouvons donner les résultats obtenus depuis dix ans. Dans la période quinquennale 1884-88, l'école a présenté à l'examen du brevet supérieur, 94 candidats, sur lesquels 70 ont été définitivement admis. Enfin, dans les cinq dernières années, de 1889 à 1893, sur 104 élèves-maîtres qui ont pris part à l'examen, 96 ont obtenu le brevet supérieur à la sortie de l'École.

En 1884 deux élèves de l'École normale de Mirecourt, MM. Gérardin et Mathieu, ont pris part à l'examen d'admission pour l'École normale spéciale de Cluny. Tous les deux, reçus dans un bon rang, ont subi avec succès au mois de juillet 1886, devant la Faculté de Lyon, l'examen du certificat d'aptitude à l'enseignement spécial (lettres). A la suite de cet examen, ils ont été admis à faire, à Cluny, une troisième année, ce qui a permis à M. Mathieu d'obtenir le titre d'agrégé.

L'année suivante (1885), l'École normale de Mirecourt présenta encore deux candidats, MM. Denis et Maurt, au concours pour l'admission à l'École de Cluny. Ils furent admis l'un et l'autre.

En 1886, trois élèves-maîtres de l'École normale de Mirecourt, MM. Jeandon, Renard et Soyer, furent encore admis à l'École de Cluny pour la section des lettres, ainsi qu'un autre élève-maître sorti en 1885, M. Michel.

Si l'on considère que la section littéraire de l'École de Cluny (promotion 1886) était composée de 15 élèves, on voit que l'École normale des Vosges a fourni le quart de la promotion.

Depuis 1886, cinq anciens élèves de l'École, MM. Vareil, Turquet, Thiébaut, Baradel et Noble, ont été admis à l'École normale primaire supérieure de Saint-Cloud, et plusieurs autres ont subi avec succès l'examen du professorat des écoles normales.

CONCLUSION

L'École normale des Vosges a reçu de 1833 à 1893, 1230 élèves.

Plusieurs ont abandonné l'instruction publique pour d'autres carrières plus faciles ou plus lucratives; mais la grande majorité est restée fidèle à l'enseignement.

Parmi ces derniers, les uns sont morts jeunes, presque au début de la carrière; d'autres ont succombé à la tâche après 10, 15, 20 années de labeur. Un certain nombre, plus heureux, jouissent d'une retraite bien méritée. Enfin, beaucoup continuent à remplir dignement leurs nobles et modestes fonctions d'instituteurs.

Malgré les vides trop nombreux qu'une mort prématurée a pu faire, malgré les démissions, il y a encore aujourd'hui dans le département des Vosges plus de quatre cents instituteurs anciens élèves de l'École normale. Plus de soixante anciens élèves de l'École exercent des fonctions dans l'Inspection prima... et le professorat des Lycées, des Collèges et des Écoles normales.

Si l'on ajoute à ces chiffres les Instituteurs en retraite anciens élèves de l'École, et ceux qui, dans diverses administrations, dans l'industrie, dans le commerce, sont parvenus à se créer une position honorable, on arrive à un total de plus de cinq cents membres appartenant ou ayant appartenu à l'enseignement.

Or, ne serait-il pas possible et utile de resserrer les liens qui doivent unir entre eux tous ces enfants d'une même Ecole? Ne serait-il pas bon que les anciens élèves pussent avoir quelquefois l'occasion de revenir dans cette Ecole où ils ont fait leurs études et dont ils ont gardé certainement un bon souvenir? Ne serait-il pas temps enfin de former entre les anciens élèves de l'Ecole normale de Mirecourt une Association amicale comme il en existe déjà dans d'autres départements?

Chaque année, pendant les vacances, l'Assemblée générale des membres de l'Association se réunirait à l'Ecole normale. C'est là que l'on souhaiterait la bienvenue aux nouveaux adhérents et que l'on adresserait le suprême adieu aux camarades que la mort aurait enlevés. C'est dans cette réunion annuelle que les camarades d'école, dispersés aux quatre coins du département, pourraient se retrouver et causer à cœur ouvert. Quelles franches et cordiales poignées de main! Et comme on serait heureux, en se séparant, de pouvoir se dire : « A l'année prochaine! »

Nous sommes persuadé qu'une telle Association aurait d'excellents résultats parce qu'elle contribuerait à augmenter la fraternité entre les Instituteurs. Nous sommes persuadé qu'une Association amicale des anciens élèves de l'Ecole normale pourrait compter sur la sympathie de tous les amis de l'Instruction primaire.

Nous serions heureux, pour l'Ecole normale des Vosges à laquelle nous sommes attaché de tout cœur, si notre appel pouvait être entendu.

Les lignes qui précèdent étaient écrites au commencement de l'année 1887. Grâce à l'initiative de M. Henry, directeur de l'école primaire supérieure de Thaon, une réunion préparatoire eut lieu, à l'Ecole normale, le 7 juillet 1887, réunion dans laquelle furent rédigés les statuts de l'Association amicale des anciens élèves. Le 25 août de la même année, la première Assemblée générale se réunissait, les statuts étaient approuvés, l'Association amicale était définitivement constituée.

LISTE

DES ÉLÈVES-MAITRES DE L'ÉCOLE NORMALE DE MIRECOURT

PROMOTION DE 1833

1. Dévoivre, François, de Ville-sur-Illon.
  Décédé. (Instituteur à Mirecourt.)
2. Demenge, Jean-Nicolas, de La Bresse.
  En retraite à Saint-Jean-d'Ormont.
3. Moniot, Charles-Nicolas, de Harol.
  Décédé.
4. Marande, Nicolas, de Laneuveville-sous-Châtenois.
  Décédé.
5. Nestres, Germain, de Martigny-les-Bains.
  Décédé. (Instituteur à Liffol-le-Grand)
6. Lecomte, Jean-Baptiste, de Viménil.
  En retraite. Ancien bibliothécaire de la ville d'Epinal.
7. Peltier, Maximilien-François, de Dommartin.
  Décédé. (Instituteur à La Neuveville-les-Raon.)
8. Vérel, Nicolas-Sébastien, de Velotte.
9. Ruaux, Louis-Auguste, de Remoncourt.
  Décédé.
10. Breton, de Longchamp.
11. Camus, Jean-Nicolas, de Derbamont.
12. Colin, Constant, de Girancourt.
  Décédé en retraite à Girancourt.
13. Antoine, Victor, de Sainte-Marguerite.
  N'est pas entré dans l'enseignement. Agent d'assurances à Saint-Dié.
14. Rouillon, Jean-Baptiste, de Naglaincourt.
  Décédé. (Maître-adjoint à l'Ecole normale de Mirecourt.)
15. Didelot, Nicolas-Joseph, de Charmois-l'Orgueilleux.
  Décédé. (En retraite à Charmois.)
16. Perrin, Pierre, de Houécourt.
  A quitté l'instruction.
17. Jeandon, Jean-Joseph, de Deyvillers.

18. BENOIT, François, de Colroy-la-Grande.

19. BALY, Sébastien, de Colroy-la-Grande.
   A quitté l'École pour motifs de santé.

20. PINOT, Jean-Victor, de Tendon.
   Décédé chez ses parents en 1834.

21. VALENCE, Jean-Baptiste, de Gérardmer.
   Décédé en 1849.

22. BONLARRON, J.-Charles, de Viviers-les-Offroicourt.
   A quitté l'enseignement. Commerçant.

23. VILLEMIN, Isidore, de Gruey-les-Surance.

24. DIDIER, Gengoult, de Harsault.
   A quitté l'instruction.

25. DIDELOT, Joseph, de Charmois-l'Orgueilleux.
   A quitté l'instruction. Est devenu agent-voyer.

26. GEORGE, Jean-Baptiste, de Plainfaing.
   A quitté l'enseignement.

27. MARIE, Sylvestre-Félix, de Plainfaing.
   Entré dans les ponts et chaussées.

28. THOMASSIN, Jean-Baptiste, d'Ahéville.
   En retraite à Saulxures-les-Bulgnéville.

29. MICHEL, Jean-Louis, du Valtin.

30. CUNIN, Jean, de Praye (Meurthe).
   A quitté l'instruction.

31. TRANQUART, François, de Saxon (Meurthe).
   A quitté l'enseignement avant la retraite.

32. TISSERAND, Jean-Baptiste, de Gérardmer.
   Décédé en 1881.

33. VINCENT, Joseph-Antoine, d'Anould.

34. JEANROY, Jean-Joseph, de Bouxurulles.
   A quitté l'instruction pour le commerce.

35. PIERRON, Jean-Del, d'Uriménil.
   En retraite à Dombasle-en-Xaintois.

36. MATHIEU, Romain, de Deyvillers.
   Entré dans les contributions indirectes.

PROMOTION DE 1834.

37. VANNEQUÉ, Joseph, de Portieux.
   Décédé.

38. GAY, Jean-Joseph, de La Neuveville-les-Raon.
    Décédé à Saint-Dié.
39. BUCLIER, Félix, de Relanges.
    Décédé avant la retraite.
40. CUNY, Gengoult, de Xaflévillers.
41. TRESSE, Nicolas-François, de Beaufremont.
    Décédé.
42. VAUTRÉ, Joseph-Laurent, de Velotte.
    En retraite à Velotte.
43. CLAUDE, Alexandre-Michel, de Luvigny.
    Décédé.
44. BERTRAND, Joseph, de Coinches.
    N'a pas continué ses études.
45. ANTOINE, Jean-Baptiste, de Houécourt.
    Décédé avant la retraite.
46. HUGUENIN, Jean-Baptiste, de Saint-Gorgon.
47. CLAUDEL, Henri, de Gérardmer.
    A quitté l'instruction. Décédé.
48. PARMENTELOT, Jean-Dominique, de Grandvillers.
    A quitté l'instruction.
49. LAMBERT, Félix, de Gérardmer.
    A quitté l'instruction.
50. CHARDOT, Joseph-Nicolas, de Deinvillers.
51. RENARD, Nicolas, de Médonville.
    Décédé en 1885.
52. GÉGONNE, Alexandre, de Pont-les-Bonfays.
    A quitté l'instruction.
53. RUYER, Jean, de Saint-Jean-d'Ormont.
54. BEAUCHET, Victor, de Hadol.
    A quitté l'instruction. Entré dans les contributions indirectes.
55. REMY, Jean-Dominique, de Pouxeux.
    A quitté l'instruction.
56. FEBVET, Jean-Joseph, de Jarménil.
57. SELLIER, Jean-François, d'Estrennes.
58. PARVÉ, Joseph, d'Archettes.
    En retraite, à Thiéfosse.
59. MENTREL, Nicolas-Lucien, de Charmois-devant-Bruyères.
    Décédé.

60. LE MARQUIS, Joseph, de Bult.
   En retraite à Madegney.
61. BARBIER, Etienne, de Grignoncourt.
   A quitté le département. A été instituteur dans la Hte-Marne.

PROMOTION DE 1835.

62. VERGNE, François-Maximilien, de Gendreville.
   En retraite à Robécourt.
63. BOURGEOIS, Augustin, de Harsault.
64. THOMAS, Joseph, de Bois-de-Champ.
   Décédé chez ses parents (1836)
65. IDOUX, Jean-Baptiste, de Colroy-la-Grande.
   En retraite à Bertrimoutier.
66. MOUGENOT, Joseph, de Médonville.
   Décédé.
67. HUSSON, Charles-François, de Châtel.
   Décédé chez ses parents avant la fin de ses études.
68. MAUCOTEL, Joseph, d'Attignéville.
   En retraite à Punerot.
69. JEANSON, Joseph, de Domèvre-sur-Durbion.
   En retraite chez son fils, curé dans l'Oise.
70. ARNOULD, Jean-Joseph, de Fresse.
71. RENAUDOT, Charles, de Martinvelle.
72. RIVAT, Victor, de Docelles.
73. GAUDÉ, Jean-Joseph, de Taintrux.

PROMOTION DE 1836.

74. ROUSSEL, Nicolas, de Vicherey.
   Décédé.
75. GUIOT, Louis, de Saulxures-les-Bulgnéville.
   A quitté le département. Décédé en Algérie.
76. LITAIZE, Joseph, de Fraize.
   Décédé à Gérardmer.
77. BARLIER, Joseph, d'Entre-deux-Eaux.
78. DIDELOT, Jean-Baptiste, de Damas-et-Bettegney
   Décédé sous les drapeaux.
79. FOURNIER, Joseph, de Girancourt.
   Démissionnaire pour cause de santé. Décédé.

80. LECOMTE, Nicolas, de Nomexy.
    A quitté l'instruction. Décédé.

81. RÉSAL, Hippolyte, de Bains.
    A quitté l'enseignement. Etait employé au greffe d'Epinal en 1847.

82. POINSON, Quirin, de Saint-Paul.

83. DUPLAIN, Joseph, de Sercœur.

84. STER, Joseph, de Bouxurulles.
    N'est pas entré dans l'enseignement.

85. VALETTE, Charles, de Raon-l'Etape.
    En retraite depuis 1871. Receveur municipal à Raon-l'Etape. Décédé.

86. VIGNERON, Joseph, d'Hergugney.
    Etait instituteur dans la Meurthe en 1847.

87. BARTHÉLEMY, Théodore, de Grignoncourt.

88. SAINT-PAUL, François, de Bouzemont.
    En retraite à Fomerey.

89. PETITDIDIER, Jean-Louis, de Mandray.
    Décédé.

90. HUMBLOT, Claude-Jules, de Maxey-sur-Meuse.

91. BOISSEY, Louis-Jean, de Maxey-sur-Meuse.
    Décédé chez ses parents avant la fin de ses études.

92. SERRIER, Claude-Jules, de Maxey-sur-Meuse.

93. PERRIN, Jean-Joseph, de La Bresse.

PROMOTION DE 1837.

94. STOUVENEL, Jean-Baptiste, de la Petite-Fosse.

95. GEORGES, Jean-Baptiste, de Saales.
    Décédé. (En retraite à Saales.)

96. FRIANT, Jean-Joseph, de Frebécourt.
    A quitté l'Ecole pour motifs de santé.

97. FABRY, Jean-Baptiste, de Domèvre-sur-Durbion.
    Décédé.

98. PIERROT, Pierre-Claude, de Midrevaux.
    En retraite à Tranqueville.

99. TAILLARD, François, d'Oëlleville.
    En retraite depuis 1870 à Raon-l'Etape.

100. TRONQUART, J.-V., de Saxon (Meurthe).

101. CROIZIER, Jean-Joseph, de Domptail.

102. PLANCOLAINE, Charles-Joseph, de Provenchères
     En retraite à Belrupt.

103. GAY, Eugène, de La Neuveville-les-Raon.
     A quitté l'instruction. Caissier à Thiéfosse.

104. DURAND, Jean-George, de Clefcy.
     Décédé à Clefcy.

105. THOMAS, Jean-Baptiste, de Bois-de-Champ.
     Décédé dans sa famille avant la fin de ses études.

106. SIMON, Benoît, de Moyenmoutier.

107. MATHIS, Jean-Pierre, de Brû.
     Décédé à Saint-Léonard.

108. GAY, Vital, de Remoncourt.
     En retraite.

109. LAUTEL, Etienne, de Sartes.
     Décédé à Sartes.

110. GROSJEAN, Joseph-Désiré, du Val-d'Ajol.

PROMOTION DE 1838.

111. LHOTE, Jean-Baptiste, de Fraize.
     En retraite à Hurbache.

112. AUBERT, Joseph-Victor, de Saint-Nabord.
     A quitté l'enseignement.

113. LÉCOLIER, Félix, de Raon-l'Etape.
     En retraite à Senones. Instituteur privé.

114. MAIRE, Jean-Joseph, de Combrimont.
     En retraite à Sainte-Marguerite.

115. GÉRARDIN, François, de La Voivre.
     Entré dans les Ponts-et-Chaussées. Décédé agent-voyer à Darney.

116. PETITJEAN, Frédéric, de Poussay.
     Décédé à Poussay.

117. VAXELAIRE, Edouard, d'Uxegney.
     Décédé à Uxegney.

118. JACQUOT, Jean-Joseph, de La Bourgonce.
     A quitté l'enseignement. Négociant à Bruyères.

119. THIÉBAUT, Victor, de Relanges.
     S'est engagé dans l'armée.

120. BARLIER, François, du Vermont.
     Décédé à Moyenmoutier.

121. MATHIEU, Charles, de Poussay.
122. PRÉVOT, Jean-Baptiste, de Padoux.
Décédé.
123. LUC, Joseph, de Padoux.
Décédé à Charmes.

PROMOTION DE 1839.

124. GODARD, Jean-Baptiste, de Tollaincourt.
Décédé à Relanges.
125. JACQUEMIN, Joseph, de La Houssière.
Décédé.
126. LÉGUS, Jean-Pierre, de Raon-l'Etape.
En retraite depuis 1878 à Raon-l'Etape.
127. COLIN, Jean-Baptiste, de Mandray.
Décédé.
128. CHAPELIER, Jean-Charles, de Lemmecourt.
Décédé bibliothécaire à Epinal.
129. THIRIOT, Victor, de Thaon.
A quitté l'enseignement en 1840.
130. PIERREL, Joseph, de Fresse.
N'est pas entré dans l'enseignement. Propriétaire à Saint-Maurice-sur-Moselle.
131. HUMBERT, Joseph, de Dogneville.
N'est pas entré dans l'enseignement, a été militaire. Garde champêtre à Dogneville.
132. DIÉLAINE, Félix, de Raon-l'Etape.
Décédé en 1841.
133. DUHOUX, Louis, de Marey.
Décédé à Bazoilles-les-Mirecourt.
134. DÉMOLIS, Hubert, de Domptail.
A quitté l'enseignement en 1860. Propriétaire à Domptail.
135. VIGNERON, Jean-Baptiste, d'Allarmont.
Décédé à Allarmont.
136. LOISANT, Joseph, de Dompaire.
A quitté l'enseignement vers 1870.
137. POINSON, Jules, de Bulgnéville.
A quitté le département des Vosges.
138. LACHAMBRE, Frédéric, de Hadol.
A quitté l'enseignement. Agent-voyer. Décédé.

139. MANGIN, Jacques-Hubert, de Saint-Amé.
    Décédé. (Maître-Adjoint de l'Ecole normale de Mirecourt, en retraite.)
140. COLAS, Jean-Baptiste, de Saint-Amé.
    Décédé presque au début de la carrière.
141. HENRY, Joseph, de Vittel.
    Décédé.
142. FOURCAUT, F.-A., de Poussay.
    A quitté l'enseignement. Huissier à Mirecourt. Décédé.
143. DAUPHIN, Hubert, de Lamarche.
    Il n'est pas entré dans l'instruction. Employé de commerce.
144. GERMAIN, Charles, du Ménil.
    A quitté l'enseignement pour le commerce.

PROMOTION DE 1840.

145. BADER, Joseph, de Fraize.
    A quitté l'enseignement. Employé dans l'industrie.
146. BASTIEN, Pancrace, des Thons.
    Démissionnaire. Cultivateur à Fouchécourt.
147. DUPOIRIEUX, Jean-Nicolas, de Gelvécourt.
    Décédé.
148. CLAUDON, François, de Padoux.
    En retraite.
149. DRUAUX, Adolphe, d'Aouze.
    Décédé à Aouze.
150. DESCHAZEAUX, Louis, de Granges-de-Plombières.
151. FERRY, Auguste, de Raon-l'Etape.
    Décédé.
152. JACQUOT, Jean-Baptiste, de Padoux.
    En retraite à Boulaincourt.
153. JEANTY, François, de Raon-l'Etape.
    A quitté l'instruction. Greffier de Mairie à Raon-l'Etape.
154. KOCH, Joseph, de Schirmeck.
155. LAMOISE, Constant, d'Archettes.
    A quitté l'instruction. Parti pour l'Amérique.
156. MOINE, Joseph, de Nomexy.
    Décédé. (En retraite.)
157. PULTIER, Louis, de Suriauville.
    En retraite. Maître de la classe primaire au séminaire de Châtel.

158. PERRIN, Lambert, de Vagney.
     En retraite à Saint-Amé. Secrétaire de mairie.

159. PETITNICOLAS, Prosper, de Parux (Meurthe).

160. RISTON, Pierre, d'Ambacourt.
     Décédé à Lamerey.

161. RIONDÉ, Prosper, de Juvaincourt.
     Entré dans le commerce à Paris.

162. SAUVAGE, Nicolas, de Remoncourt.
     Décédé en retraite à Repel.

163. TISSERAND, Victor, de Liézey.

PROMOTION DE 1841.

164. LAURENT, Auguste, de Morizécourt.
     A quitté l'instruction. Commerçant en vins dans la Haute-Marne.

165. PARMENTIER, Joseph, de Lubine.
     N'a pas continué ses études.

166. CREUSOT, Joseph-Charles, de Remiremont.
     Décédé au Boulay.

167. HENNEQUEL, Théophile, de Vomécourt.
     Est parti pour la Martinique. Décédé.

168. TOUSSAINT, Auguste, de Taintrux.
     A quitté l'enseignement. Commerçant à Taintrux.

169. THOMASSIN, Laurent, d'Ahéville.
     A quitté l'enseignement. Agent-voyer à Epinal.

170. PERRIN, Michel, de Moyenmoutier.

171. CÉSAR, Jean-Baptiste, d'Etival.
     A quitté l'enseignement. Habite Etival.

172. VILMAIN, Jean-François, de Damas-aux-Bois.
     A quitté l'enseignement pour le commerce.

173. VAUTRÉ, Vital, de Tatignécourt.
     A quitté l'Ecole après sa première année. Rentré en 1848.

174. MELCION, Claude-Emile, de Grand.
     Décédé à Neufchâteau.

175. PIERRAT, François, de Gerbépal.
     Décédé.

176. KUNTZMANN, Charles-Jean-Baptiste, de Fraize.
     A quitté l'enseignement pour le commerce. Décédé à Gérardmer.

177. CHAPELIER, Jean, de Jainvillotte.

178. Jacopin, Nicolas-Joseph, de Ménil-sous-Harol.
   A quitté l'enseignement. Décédé commissaire de surveillance admi-
   nistrative des chemins de fer à Langres (1871).

179. Thouvenot, François, de Gruey.
   Décédé en retraite à Tranqueville.

180. Aubry, François-Auguste, d'Escles.
   En retraite à Epinal.

181. Grandjean, Hippolyte, d'Esley.
   A quitté les Vosges. Entré dans l'enseignement privé à Paris.

182. Thirion, A., de Suriauville.
   En retraite à Morizécourt.

183. Brice, Nicolas, de Pouxeux.
   N'a pas continué ses études. Entré dans les Contributions indirectes.

184. Petitjean, François, de Vaudoncourt.

PROMOTION DE 1842.

185. Morizot, Louis-Nicolas, de Dompaire.

186. Boyé, Joseph-Etienne, d'Avillers.
   En retraite à Avillers.

187. Nicolas, Auguste, de Serocourt.
   En retraite à Senaide.

188. Mathieu, Joseph, de Vaubexy.
   En retraite.

189. Aptel, Joseph-Léon, de Dommartin.
   A quitté l'enseignement. Décédé à Saulxures-sur-Moselotte.

190. Jacquot, Joseph, d'Arches.
   Décédé.

191. Lhote, Jean-Joseph-Philibert, de Poussay.
   Décédé à Bazegney.

192. Demay, François-Léon, de Liffol-le-Grand.
   A été instituteur à Bourmont (Haute-Marne). En retraite à Soulau-
   court.

193. Colé, Jean-Baptiste, d'Allarmont.
   Décédé à Moussey.

194. Bastien, Joseph-Charles, d'Ambacourt.

195. Ladonnet, Joseph-Pancrace, de Maconcourt.

196. Bernard, Jean-Joseph, de Mortagne.
   Décédé à La Bourgonce.

197. GALLIOT, Louis-Napoléon, de Grand.

198. CORRET, Victor, de Vittel.
   Décédé en retraite, en 1884.

199. VIRIOT, Joseph-Nicolas, de Rouvres.
   En retraite à Rouvres.

200. MOSSEAUX, François, de Landaville.
   Décédé à Houécourt.

201. GROSJEAN, Claude-Martial, d'Esley.
   A quitté l'instruction. Débitant à Anould. Décédé.

202. ADAM, Paul, de Rebeuville.
   En retraite.

203. THOMAS, Alexandre, de Vrécourt.
   N'a pas terminé ses études.

204. MORGARD, Félix, de Marainville.
   Décédé chez ses parents en 1845.

205. HENRI, Nicolas-Joseph, de Brouvelieures.
   En retraite à Coutramoulin (Saint-Léonard).

PROMOTION DE 1843.

206. DEMENGEL, Eugène, de Lamerey.

207. PICARD, Jean-Claude, de Dombasle-en-Xaintois.
   En retraite à Persan (Seine-et-Oise).

208. BLAISE, Jean-Baptiste, de Fraize.
   Décédé à Saint-Léonard.

209. RENAUX, Eusèbe, d'Offroicourt.
   Décédé en retraite à Hagécourt.

210. LULLIN, Claude-Charles, d'Ollainville.
   En retraite. Cultivateur à Hergugney.

211. BILLET, Jean-Nicolas, de Jainvillotte.
   Décédé à Rainville.

212. LŒILLET, François, de Jésonville.
   Décédé en 1878 au Val-d'Ajol.

213. PARISOT, Jean-Baptiste, d'Anould.
   N'a pas terminé ses études à l'Ecole. Employé dans une papeterie à
   Docelles. Décédé.

214. DEBAY, Charles-Sylvestre, de Sainte-Hélène.
   A quitté l'instruction. Commerçant en vins à Nancy.

215. BRUNOTTE, Jean-Baptiste, de Saint-Nabord.
En retraite à Nancy.

216. PERRIN, François-Joseph, de Saulxures-les-Bulgnéville.
Décédé chez ses parents en 1845.

217. PERRIN, Joseph, de Médonville.

218. ROUSSELOT, Jules-Martin, d'Hymont.
N'a pas terminé ses études à l'École.

219. MARCHAL, Charles-Laurent, d'Indesheim (Bas-Rhin).
A quitté l'enseignement pour le commerce.

220. ETIENNE, Nicolas, d'Escles.
A quitté l'enseignement. S'est engagé dans l'armée.

221. HENRY, Nicolas, de Granges-de-Plombières.
Décédé à Saint-Etienne.

222. VAUTRÉ, Vital, de Tatignécourt.
A quitté l'enseignement. Entré dans le service vicinal.

PROMOTION DE 1844.

223. BOGARD, Nicolas-Lucien, d'Oëlleville.
A été instituteur dans un pensionnat à Paris.

224. BÉJOT, Constant-Benjamin, de Bains.
N'a pas continué ses études à l'Ecole. Industriel à Bains.

225. BOBAN, Constant-Louis, de Lamerey.
En retraite à Dommartin-aux-Bois. Secrétaire de mairie.

226. BRÉJEOT, Joseph, de Dompaire.
A quitté le département.

227. CLAUDE, Joseph-Eugène, de Poussay.

228. CROVIZIER, Joseph, de Saales.
En retraite. Greffier de mairie à Bruyères.

229. DÉLIN, Nicolas-Victor, de Morville.

230. DEMANGE, Jean-Baptiste, d'Etival.
N'est pas entré dans l'enseignement. Négociant à Raon-l'Etape.

231. DUGRAVOT, François, d'Avillers.
En retraite à Monthureux-le-Sec.

232. GASQUIN, Charles-Nicolas, de Totainville.
A quitté l'enseignement. Propriétaire à Blemerey.

233. GEORGES, Jean-Joseph, de Mandray.
A quitté l'enseignement pour cause de santé. Décédé.

234. Gury, Nicolas, de Médonville.
N'a pas terminé ses études à l'Ecole.

235. Jeannot, François-Lucien-Aristide, d'Esley.
A quitté l'instruction. Agent-voyer. Décédé.

236. Léonard, Auguste, de Raon-l'Etape.
N'a pas enseigné. Propriétaire à Raon-l'Etape.

237. Litaize, Cyrille, de Fraize.
Décédé en Crimée comme soldat (1855).

238. Marchal, Charles, de Grand.
En retraite à Avranville.

239. Marchand, Charles, de Wissembach.
En retraite à Corcieux. Greffier de mairie.

240. Melcion, Eugène-Jean-Baptiste, de Grand.

241. Michel, Joseph, de Villoncourt.
En retraite à Jeanménil. Employé dans une usine.

242. Pernot, François, de Pierrefitte.
Décédé à Dommartin-aux-Bois.

243. Poinçot, Charles, d'Auzinvilliers.
A quitté l'enseignement public et le département.

244. Poirot, Charles, de Basse-sur-le-Rupt.
Décédé à Rochesson en 1866.

245. Thomas, Charles, de Roville-aux-Chênes.
Aide-archiviste à la Préfecture d'Epinal. Décédé.

PROMOTION DE 1845.

246. André, Joseph-Isidore, de Rehaincourt.
En retraite à Dompaire.

247. Aubry, Hippolyte, d'Escles.
En retraite à Esley.

248. Chatelain, Jean-François, de Padoux.
Décédé à Sapois.

249. Dillet, Charles-Joseph, de Ménil-en-Xaintois.
En retraite. Greffier de mairie à Thaon.

250. Etienne, François, de Sionne.
En retraite.

251. Févotte, Jean-Eusèbe, de Frenelle-la-Grande.
A quitté l'enseignement. Décédé à Saint-Nabord.

252. Flayeux, Jean-Baptiste, de Fraize.
Décédé à Scarupt (Fraize).

253. FRIAISSE, Dominique-Edouard, de Vroville.
Décédé chez ses parents en 1846.

254. LAURENTIER, Pierre-François, de Grand.

255. MANGEONJEAN, Jean-François, de Plainfaing.
Inspecteur primaire honoraire. Chevalier de la Légion d'honneur. Maire de Saint-Dié.

256. PARMENTIER, Jean-Joseph, de Wissembach.
Démissionnaire. Propriétaire à Hurbache.

257. PICARD, Joseph, de Raon-l'Etape.
Décédé avant d'avoir enseigné.

258. POIRSON, Cyprien, de Senaide.
Décédé en 1881 à Romain-aux-Bois.

259. PULTIER, Jean-Baptiste-A., de Suriauville.
Décédé chez ses parents en 1848.

260. THIÉRY, Sébastien-Pierre, de Punerot.
En retraite à Mirecourt.

261. THIRION, Joseph-Basile, de Rebeuville.
N'a pas terminé ses études à l'Ecole.

262. THOUVENIN, Charles-Jules, de Landaville.
En retraite. Adjoint au maire de Gironcourt.

263. TOCQUARD, Nicolas-Prosper, de Frenelle-la-Grande.
N'est pas entré dans l'instruction. Capitaine en retraite.

PROMOTION DE 1846.

264. CHARDIN, Jean-François, de Vomécourt.
En retraite à Rambervillers.

265. DAGNEAUX, Charles-Victor, de Mattaincourt.
En retraite à Racécourt.

266. DARGENT, Victor, de Lemmecourt.
A quitté l'instruction. Agent-voyer. Décédé.

267. DELACHAMBRE, Nicolas-Lucien, de Laneuveville.
En retraite à Pierrefitte.

268. DRAPIER, François-Henri, de Juvaincourt.
A quitté l'enseignement.

269. FIFRE, Charles-Christophe, de La Neuveville-les-Raon.
Décédé.

270. FRÉCHIN, Jean-Siméon, du Ménil.
En retraite à Scarupt.

271. GUILLAUME, Charles-Nicolas, de Saint-Menge.
Cultivateur à Chef-Haut.

272. GUY, Charles, de Remoncourt.
Décédé.

273. JOLY, Adolphe, de Biécourt.

274. LALLEMAND, Auguste-Eugène, d'Hennezel.
En retraite à Epinal.

275. LARCELET, Remy-Constant, de Vouxey.
Instituteur en Algérie. En retraite.

276. LAUTEL, Elophe, de Landaville.
En retraite.

277. LECUVE, Pierre-Alphonse, d'Allarmont.
Décédé.

278. MARLIER, Nicolas, d'Allarmont.
Décédé.

279. MARULIER, François-Alphonse, de Ville-sur-Illon.
A quitté l'enseignement. Rentier à Mirecourt. Décédé en 1886.

280. NOEL, Maximilien-Nicolas, de Vittel.
Inspecteur primaire honoraire à Epinal.

281. PERRIN, Charles-Nicolas-Jules, de Gironcourt.
En retraite.

282. POIRSON, Joseph-François, de Balléville.
Décédé.

283. PULTIER, Jean-Baptiste-Amand, de Suriauville.
Décédé chez ses parents en 1848.

284. SERRIER, Louis, de Maxey-sur-Meuse.
N'est pas entré dans l'instruction. Propriétaire à Maxey-sur-Meuse.

285. THÉRIOT, Jean-Baptiste, de Frain.
A quitté l'enseignement Agent-voyer à Remiremont.

286. THURIOT, Joseph-Etienne, de Dompaire.
Instituteur à Fresse. En retraite.

287. VILLAUME, Sylvain, de Saint-Remy.
Décédé. (Tué dans l'exercice de ses fonctions de sonneur).

PROMOTION DE 1847.

288. CHILLIER, Pierre-Paul-J.-B., de Romain-aux-Bois.
Décédé.

289. BREGEOT, Jean-Sébastien, de Domptail.
A quitté l'instruction. Est devenu industriel. Décédé.

290. François, Jean-Baptiste, de Clefcy.
    Greffier de la Justice de paix à Brouvelieures.

291. Gasquin, Victor-Amédée, de Ménil-en-Xaintois.
    Proviseur du Lycée de Reims. Chevalier de la Légion d'honneur.
    Décédé.

292. Huguenin, Léonard-Jean-Baptiste, de Destord.
    A quitté l'enseignement. Commerçant. Décédé.

293. Huin, Joseph-Claude, de Grand.
    A quitté l'enseignement. Industriel. Ancien maire à Darney.

294. Husson, Jean-Baptiste, de Raon-l'Etape.
    En retraite à Flamanville, près Cherbourg.

295. Lullin, Gabriel-Benjamin, d'Ollainville.
    Décédé avant la fin de ses études.

296. Mamelle, Jean-Nicolas, de Circourt.
    Décédé chez ses parents en 1849.

297. Parisot, Jean-Baptiste, de Contrexéville.
    En retraite à Contrexéville. Maître d'hôtel.

298. Perrin, François, de Saulxures-les-Bulgnéville.
    A quitté l'enseignement pour le commerce. Maire de Saulxures-les-
    Bulgnéville. Conseiller d'arrondissement. Décédé en 1893.

299. Petitjean, Joseph-Antoine, de Tollaincourt.
    A quitté l'enseignement pour le service militaire, Commandant en
    retraite à Tollaincourt.

300. Rembeau, Julien, de Remicourt.
    Décédé.

301. Royer, Nicolas-Justin, de Liffol-le-Grand.
    Directeur de l'Ecole normale de Varzy (Nièvre). En retraite.

302. Thomas, Joseph, de Baudricourt.
    Décédé à Vittel.

303. Vaché, Joseph, de Chamagne.
    Décédé à Saint-Jean-d'Ormont.

304. Vuillaume, Jean-Baptiste, de Frenelle-la-Grande.
    A quitté l'enseignement pour le commerce.

305. Zablot, Charles, d'Estrennes.
    Décédé à Sandaucourt.

PROMOTION DE 1848.

306. Bardin, Jean-Baptiste, de Saint-Genest.
    A quitté l'enseignement. Propriétaire à Donclères.

307. GALOTTE, Charles-Louis, de Vaudoncourt.
Inspecteur primaire à Nancy.

308. BEAUCHET, Hippolyte, de Hadol.
N'a pas terminé ses études à l'Ecole.

309. GAUTHIER, Joseph-Jean-Baptiste, de Frain.
N'est resté que quelques semaines à l'Ecole.

310. FANACK, Jean-Baptiste-Auguste, de La Croix-aux-Mines.
Décédé en 1881 à Gemaingoutte.

311. PETITDEMENGE, Jean-Baptiste, de Fraize.
Décédé. Professeur au Collège de Remiremont.

312. KIENZEL, Alexandre-Romain, de Plainfaing.
En retraite à Plainfaing.

313. LABLANCHE, Eugène-Antoine, de Ban-sur-Meurthe.
En retraite à Aumontzey.

314. BADONNEL, Nicolas-Joseph, de Laveline-du-Houx.
Décédé.

315. LALLOUÉ, Charles, de Domremy.
A quitté l'enseignement. Décédé.

316. MICHEL, Jean-Baptiste, de Gemaingoutte.
A quitté l'enseignement. Caissier à l'usine de Semouse.

317. HUSSON, Victor-Hilaire-Christophe, d'Anould.
En retraite à Saint-Dié.

318. BLAISE, Joseph, de Fraize.
En retraite à Pajailles (Etival).

319. MARCHAL, Charles-Eugène, de Grand.

320. URGUETTE, Pierre-Lucien, de Juvaincourt.
N'a pas terminé ses études à l'Ecole.

321. BERNARD, Jean-Nicolas, de Mortagne.
Décédé.

322. WOHLGÉMUTH, Vincent, de Ronrupt.
Décédé à Suriauville.

323. SIBILLE, Jean-Baptiste-Victor, de Raon-aux-Bois.
A quitté l'enseignement. Parti pour l'Amérique où il est mort.

324. FERRY, Charles, de La Neuveville-les-Raon.
A quitté l'instruction. Adjoint au maire de Raon-l'Etape en 1871.
Mort par suite des mauvais traitements que les Prussiens lui
infligèrent.

PROMOTION DE 1849

325. BRETON, Isidore-Frédéric, de Juvaincourt.
A quitté l'enseignement. Décédé.

326. BASTIEN, Joseph-Auguste, de Removille.
A quitté l'enseignement. Décédé.

327. BOURGON, Jean-Joseph, de Cheniménil.
En retraite.

328. DUSEUX, Jean-Baptiste, du Syndicat.
En retraite depuis octobre 1886 à Saint-Nabord.

329. ESTEILLE, François-Jules, de Rouvres-en-Xaintois.
Décédé chez ses parents en 1850.

330. FRANCIN, Constant, de Plainfaing.
Décédé à Corcieux.

331. GAUDIER, Jean-Blaise-Constant, de Fraize.
A quitté l'enseignement pour le commerce. Décédé.

332. LECHANTRE, Frédéric, de Villotte.

Décédé presque en sortant de l'Ecole.

333. LAMOISE, Louis-Philippe, d'Uxegney.
Décédé chez ses parents en 1850.

334. LOUIS, Nicolas-Benjamin, de Trémonzey.
Comptable à Epinal.

335. MATHIS, Jean-Baptiste, de Sainte-Marguerite.
A quitté l'enseignement pour le commerce.

336. BRENEL, d'Hagnéville.
N'a pas terminé ses études et n'a jamais été instituteur.

337. MATHIEU, Nicolas-Eugène, de Xertigny.
En retraite à Ban-sur-Meurthe

338. MICHEL, Jean-Joseph, de Taintrux.
Instituteur à Schirmeck en 1870. N'a pas dû rentrer dans les Vosges.

339. PETIT, Philippe-Adolphe, de Mont-les-Lamarche.
A quitté l'enseignement. Décédé.

340. ROBERT, Jean-Joseph-Eugène, de Relanges.
A quitté l'enseignement. Entré dans les Ponts-et-Chaussées.

341. SAINT-DIZIER, Victor, de Saint-Remy.
Instituteur à Dombasle-en-Xaintois. En retraite.

342. SIMON, Pierre-Félicien, d'Estrennes.
Décédé étant instituteur-adjoint.

343. Thomas, Louis-Alexandre, d'Uxegney.
    Instituteur à Roncourt. En retraite.

PROMOTION DE 1850

344. Bausson, Jules, d'Aboncourt,
    Instituteur dans le département de la Meurthe. En retraite.

345. Breteille, François, de Belmont.
    Décédé en 1870.

346. Gauthier, Joseph-Jean-Baptiste, de Frain.
    En retraite depuis 1885. Secrétaire de mairie à Monthureux-s.-Saône.

347. George, Victor, d'Hurbache.
    A quitté l'instruction. Commerçant à Saint-Dié.

348. Merlin, Léger, d'Autreville.
    A quitté l'instruction. Employé dans les chemins de fer.

349. Mougel, Hippolyte, de Nossoncourt.
    Décédé.

350. Munier, Célestin, de Moriville.
    A quitté l'enseignement. Parti pour l'Amérique.

351. Noir, Joseph-Benoit, de La Broque.
    Décédé avant la fin de ses études.

352. Perrin, Joseph, de Vroville.
    N'est pas entré dans l'enseignement.

353. Petitjean, Hippolyte, de Seraucourt.
    Instituteur en retraite (octobre 1887), à Saint-Nabord.

354. Richard, Jean-Baptiste, de Xaffévillers.
    N'est pas entré dans l'enseignement. Employé dans l'industrie.

355. Thomas, Jean-Nicolas, de Rouvres-en-Xaintois.
    N'est pas entré dans l'enseignement. Décédé.

356. Villaume, Jean, de La Bourgonce.
    Instituteur à Géromènil. En retraite.

357. Adam, Claude-Joseph, d'Harsault.
    En retraite depuis octobre 1886, à Rehaincourt.

PROMOTION DE 1851.

358. Antoine, Joseph-Auguste, de Dommartin-aux-Bois.
    Instituteur à Fontenoy-le-Château. En retraite.

359. Chailly, Jules, de Mandres-sur-Vair.
    A quitté l'instruction.

360. COMPAGNON, Hippolyte-Nicolas, de Maxey-sur-Meuse.
A quitté l'instruction.

361. DEMANGÉ, Auguste-Sébastien, du Roulier.
Instituteur en retraite (octobre 1887), à Anould.

362. EMONET, Félix-Achille, de Viviers-le-Gras.
A quitté l'instruction pour le commerce.

363. GUÉRIN, Victor, de Clézentaine..
A quitté l'instruction. Agent d'une compagnie d'assurances.

364. LARCELET, Alphonse, de Sionne.
Instituteur en retraite à Landaville.

365. PAGE, Napoléon-Nicolas, d'Hennezel.
N'est plus dans l'instruction.

366. PERRUT, François-Constant, de Vicherey.
A quitté l'enseignement.

367. PETITJEAN, Ferdinand, de Saint-Remimont.
Décédé en 1854.

368. COLLOT, François, de Noncourt.

369. CORDIER, Auguste-Joseph, de Harol.
Instituteur à la Petite-Raon. En retraite.

370. DORGET, Jules, de Norroy-sur-Vair.
A quitté l'enseignement Dans les Ponts-et-Chaussées. Industriel à
La Longine. Conseiller général de la Haute-Saône.

371. GUÉDON, Charles-Nicolas, de Rozières-sur-Mouzon.

372. HOQUAUX, Charles-Jean-G., de Vagney.
Décédé à la Haute-Mandray.

373. MAIRE-RICHARD, François-Diogène, de Norroy-sur-Vair.
N'est pas entré dans l'enseignement.

374. OUDOT, Charles-Nicolas, de Norroy-sur-Vair.
Décédé.

375. PERNOT, Charles-Antoine, d'Ambacourt.
A quitté l'instruction.

376. PIRAUT, Jean-Baptiste, de Martigny-les-Lamarche.
A quitté l'instruction. Décédé.

377. THIÉBAUT, Emile, de Monthureux-le-Sec.
A quitté l'instruction et le département.

378. THIRIET, Charles-Auguste, de Barbey-Seroux.
A quitté l'enseign. Chef de section au ch. de fer, Bar-le-Duc.

379. VALENTIN, Joseph-Eugène, de Valfroicourt.
Décédé étant instituteur-adjoint.

PROMOTION DE 1852.

380. Bouchy, Charles, de Gerbéviller.
Décédé.

381. Broussard, Charles-Nicolas, de Monthureux-le-Sec.
Instituteur à Viviers-le-Gras. En retraite.

382. Césard, Dagobert, de Saint-Remy.
Décédé à Golbey.

383. Claudel, Joseph-Théophile, d'Hergugney.
Instituteur à Chamagne. En retraite.

384. Dorget, François-Victor, de Norroy-sur-Vair.
Inspecteur primaire à Aurillac.

385. Gasperment, Jean-Baptiste, de Gemaingoutte.
A quitté l'enseignement. Cultivateur.

386. Hayotte, Charles-Sigisbert, d'Uzemain.
Instituteur à Raon-aux-Bois.

387. Mordaing, Alexis, de Sartes.
Décédé professeur au collège de Remiremont.

388. Mougel, Charles, de La Bresse.
Ancien directeur de l'Ecole normale du Caire. Directeur de la mission égyptienne à Paris.

389. Renard, Constant-Lucien, de Frain.

390. Zamaron, Joseph-Théophile, de Jorxey.
Instituteur à Paris.

PROMOTION DE 1853.

391. Thirion, Charles-Léon, de Dombrot-le-Sec.
Décédé.

392. Lhuillier, Charles-François, de Houécourt.
A quitté l'instruction. Receveur des Postes.

393. Bruchon, Justin, de Sandaucourt.
A quitté l'Ecole avant la fin de ses études. Décédé.

394. Pernot, Charles-Auguste, d'Uzemain.
En retraite à Epinal.

395. Jacquot, Télesphore, d'Harol.
A quitté l'instruction. Commerçant.

396. Etienne, Alphonse, d'Harol.
A quitté l'instruction. Cultivateur à Harol.

397. COLTAT, Charles-Louis, de Saint-Gorgon.
Instituteur à Velotte. En retraite.

398. DELAGOUTTE, Célestin-Jean-Baptiste, de Provenchères.
A quitté l'instruction. Commerçant à Plainfaing.

399. FOURRIER, Nicolas-François-Adrien, d'Ubexy.
A quitté l'instruction. Décédé.

400. VUILLAUME, François-Jules, de Corcieux.
N'a pas terminé ses études. Décédé sous les drapeaux.

401. MARTIN, Pierre-Mathurin, de Rosières.
A quitté le département en 1858. Probablement instituteur dans la
Nièvre.

PROMOTION DE 1854.

402. RIOTTE, Philippe, de Saulxures-les-Bulgnéville.
A quitté l'instruction. Entré dans les Télégraphes.

403. GEORGE, Jean-Baptiste-Eugène, de Plaine.
A quitté l'instruction. Cultivateur.

404. ETIENNE, Jean-Adolphe, de Sionne.
Instituteur à Charmois-devant-Bruyères. En retraite.

405. COMBEAU, Joseph-Constant, de La Rue-sous-Harol.
Décédé en 1855.

406. BLOSSE, Jean-Baptiste, de La Grande-Fosse.
En retraite.

407. PERRIN, Auguste, de La Neuveville-sous-Châtenois.
D'recteur de l'Ecole primaire supérieure de Charmes. En retraite
à Dombasle-en-Xaintois.

408. CHARDIN, Joseph, de Saint-Julien.
En retraite.

409. GROSJEAN, Jacques-Adolphe, de Chermisey.
Instituteur à Dombrot-le-Sec. En retraite.

410. RENARD, Désiré-Alexandre, de Mont-les-Lamarche.
Instituteur à Noncourt. En retraite.

411. BARBU, André-Lucien, de Maxey-sur-Meuse.
Instituteur à Sainte-Marguerite. En retraite à Domèvre-s.-Montfort.

412. HENRY, Henri-François, de Monthureux-sur-Saône.
N'a pas terminé ses études. Militaire.

413. CLER, Emile-Joseph, de Mattaincourt.
Décédé en 1855.

414. GIGNEY, Célestin, de Frenois.
A quitté l'instruction. Commerçant.

415. ROUHIER, Nicolas-Eugène, de Grandrupt.
A quitté l'enseignement. Docteur en médecine, 102, rue Richelieu (Paris).

416. CLAUDEL, Louis, de Rochesson.
Décédé au début de sa carrière dans l'enseignement.

417. RICHARD, Nicolas-François, de Norroy.
A quitté l'instruction. Décédé.

PROMOTION DE 1855.

418. CUNIN, de Rehaupal.
Décédé. (Avait été maître-adjoint à l'Ecole normale.)

419. FRACHET, Jean, de Housseras.
A quitté l'Ecole en 1856 pour s'engager.

420. GREMILLET, Nicolas, de Saint-Jean-du-Marché.
Instituteur à Ubexy. Décédé.

421. HAUMONTÉ, François-Isidore, de Xaffévillers.
Instituteur à Nomexy.

422. HUSSON, Nicolas, de Malaincourt.
Instituteur à Auzainvilliers.

423. LAURENT, Zéphirin-Joseph, d'Haréville.
Inspecteur primaire à Paris.

424. LHOTTE, Jules-François-Nicolas, de Rouvres-en-Xaintois.
A quitté l'enseignement. Huissier. Décédé.

425. MASSON, François-Maximilien, des Thons.
Décédé en 1888. Instituteur aux Thons.

426. MELCION, Frédéric-Jean-Baptiste, de Chermisey.
Décédé en 1856.

427. MOUGEL, Jean-Nicolas, de Basse-sur-le-Rupt.
A quitté l'enseignement. Dans les Postes.

428. NURDIN, Nicolas-Léger, du Val-d'Ajol.
Instituteur à Vologne. En retraite.

429. POIROT, Charles-Pierre, de Totainville.
En retraite depuis 1881.

430. PRUNIER, Dominique-Camille, de Chamagne.
A quitté l'Ecole en 1857 pour motifs de santé.

431. SALZARD, de Mazirot.
A quitté l'instruction.

432. SAUTRÉ, Jules, de La Neuveville-sous-Châtenois.
Inspecteur primaire en retraite.

433. VINCENT, Jean-Blaise, de Clefcy.
A quitté l'enseignement.

PROMOTION DE 1856.

434. BÉGUIN, Pierre-Léon-Eugène, de Valfroicourt.
Instituteur à Ambacourt. Décédé en 1881.

435. BOUCHY, Joseph, de Clézentaine
Instituteur à Ramonchamp.

436. CHICANAUX, Eugène, de Domjulien.
Décédé en 1858.

437. CROUVISIER, Jean-Joseph, de Rochesson.
En retraite à Rozières-sur-Mouzon.

438. DENIS, Louis, de Jussarupt.
Instituteur.

439. GRIVEL, Prosper-Jean-Baptiste, de Ban-sur-Meurthe.
Instituteur aux Xettes (Gérardmer). En retraite.

440. HAGIMONT, Jean-Louis, de Mandray.
N'est pas entré dans l'enseignement.

441. HENRY, Louis-Célestin, de Charmois-l'Orgueilleux.
N'est pas entré dans l'enseignement. Capitaine de cavalerie.

442. LORRAIN, Jean-Baptiste-Célestin, de Provenchères.
Décédé dans sa famille en 1858.

443. MOREL, Pierre-Auguste, de Pargny-sous-Mureau.
Instituteur à Suriauville.

444. SIMONET, François-Joseph, de Pargny-sous-Mureau.
Instituteur à Totainville.

445. THIRIET, de Rugney.
N'a pas terminé ses études. Cultivateur.

446. TRIBOIX, Félix, de Champdray.
Décédé dans sa famille en 1859.

447. TRESSE, Joseph-Léopold, de Jainvillotte.
Professeur au Collège de Tulle.

448. VERNET, de Monthureux-sur-Saône.
A quitté l'instruction. Greffier de la justice de paix à Monthureux-sur-Saône.

PROMOTION DE 1857.

449. BINOT, Louis-Alphonse, de Viocourt.
Décédé instituteur à Vincey.

450. BLAISE, Etienne-Placide, de Malaincourt.
Décédé.

451. BLOSSE, Marie-Joseph-Célestin, de Nompatelize.
Décédé.

452. BONNEVILLE, Jean-François, d'Avranville.
Instituteur à Houéville. En retraite.

453. BRUNIN, Joseph, des Voivres.
Décédé.

454. CAMUS, Ulysse, de Saint-Julien.
A quitté l'instruction. Commerçant.

455. CUNY, Eugène, de La Grande-Fosse.
Instituteur à La Neuveville-les-Raon.

456. DRUAUX, Arsène, de Saint-Prancher.
Inspecteur primaire à Hazebrouck.

457. DURAND, François-Hyacinthe, de Clézentaine.
Directeur de l'Ecole annexe de Mirecourt. En retraite.

458. GARDEUX, d'Offroicourt.
Démissionnaire en 1858.

459. GENAY, Nicolas-Paul-Emile, de Deycimont.
Instituteur à Deycimont.

460. GURY, Ferdinand-Arsène, de Contrexéville.
Décédé.

461. MOINOT, Charles-Jean-Baptiste, de Saint-Remimont.
Instituteur à Adoncourt.

462. PARADIS, Hyacinthe, de La Petite-Raon.
Instituteur en Algérie.

463. PERRON, Jean-Nicolas-Hyacinthe, de Landaville.
Instituteur à Rouvres-la-Chétive.

464. VOILQUÉ, Joseph-Célestin, d'Haréville-sous-Montfort.
Instituteur à Saint-Prancher.

PROMOTION DE 1858

465. ANTOINE, Charles-Joseph, de Viocourt.
A quitté l'enseignement pour le commerce.

466. BERNARD, Joseph, de Housseras.
Instituteur.

467. BRÉCHAIN, Jean-Baptiste, de Docelles.
A quitté l'enseignement pour entrer dans une congrégation religieuse.

408. Brocard, Théophile-Nicolas, de Rehaincourt.
A quitté l'enseignement. Décédé.

409. Chonavel, Léon, d'Eloyes.
Décédé à Faucompierre.

470. Denez, Victor, de Belmont-sur-Vair.
Décédé avant la fin de ses études en 1860.

471. Didier, de Belmont-sur-Vair.
Démissionnaire avant la fin du premier trimestre (31 décembre 1858).

472. Foucal, Victor, de Saint-Remy.
Instituteur au Grand-Valtin.

473. Henrypierre, Joseph-Auguste, de Socourt.
Instituteur à Offroicourt.

474. Jeandel, Joseph, du Puid.
Professeur au lycée Henry IV, à Paris.

475. Lagarde, du Puid.
A quitté l'Ecole en novembre 1859.

476. Perrin, Charles-Siméon, de Saint-Jean-du-M.
En retraite à Vagney.

477. Singrelin, de Saint-Jean-du-M.
N'est resté qu'une année à l'Ecole.

478. Vauthier, Jean-Baptiste, de Grandvillers.
Instituteur à Pierrepont.

PROMOTION DE 1859.

479. Bernard, Constant, de Clefcy.
Instituteur à Laveline-devant-Saint-Dié.

480. Claude, Victor, d'Ollainville.
Instituteur à Lamarche.

481. Bregeot, Victor-Joseph, de Clézentaine.
Greffier de mairie à Gérardmer.

482. Cosserat, Auguste, de Deinvillers.
Instituteur aux Arrentès-de-Corcieux.

483. Houel, Victor, de Laveline-du-Houx.
En retraite.

484. Lazard, Joseph-Pierre, de Fremifontaine.
Instituteur aux Granges-de-Plombières.

485. Lindererg, Jean-Baptiste, de Bourg-Bruche.
A quitté l'instruction. Habite Plainfaing.

486. MARCHAL, Jean-Baptiste, de Barembach.
Instituteur à Mortagne.

487. MONCHABLON, Alexis-Léon, de Villers.
Instituteur à Vecoux.

488. MONIOT, Quirin, de Saint-Paul.
Instituteur à Ruaux.

489. PASQUIER, Joseph-Félix, de Frain.
A quitté l'enseignement. Marchand de vins à Champ-le-Duc.

490. RENAUD, Auguste-Louis, de Morizécourt.
A quitté l'enseignement. Décédé huissier à Remiremont.

491. RENARD, Joseph, de Domptail.
Instituteur à Destord.

492. VALENTIN, Jean-Baptiste, de Ban-sur-Meurthe.
N'a pas continué ses études. Brigadier forestier à Fraize.

493. VAUTRÉ, Joseph-Emile, de Vaubexy.
A quitté l'enseignement. Devenu militaire, puis brigadier forestier.

PROMOTION DE 1860.

494. ANDRÉ, Joseph-Louis, d'Aillevillers.
Instituteur à Racécourt.

495. ANTOINE, Louis, de Saint-Ouën.
Instituteur à Moyemont.

496. BAILLY, Joseph, de Saâles.
A quitté l'instruction. Militaire.

497. BÉGUIN, Charles-Marie-Joseph, de Valfroicourt.
Décédé en 1880.

498. DÉLOY, Louis-Jean-Baptiste, de La Bourgonce.
A quitté l'enseignement. Commerçant à Monthureux-sur-Saône.

499. DROUHÉ, Eugène, de Morizécourt.
Instituteur à Haréville-sous-Montfort.

500. GALLOTTE, Claude-Nicolas, de Vaudoncourt.
A quitté l'enseignement. Greffier de la Justice de paix à Gérardmer.

501. GILBERT, Hippolyte-Félix, de Crainvilliers.
A quitté l'instruction. Rentier à Crainvilliers.

502. GUÉRIN, Charles, de Clézentaine.
A quitté l'Ecole pour raison de santé.

503. LAAGE, Auguste-Victor, de Monthureux-sur-Saône.
A quitté l'instruction. Commerçant à Paris.

504. LACOUR, Charles-Emile, de Vaudoncourt.
A quitté l'instruction. Marchand de vins à Rambervillers.

505. MANSUY, Joseph-Alexandre, de Contrexéville.
Instituteur à Lignéville.

506. MICHEL, Joseph-Prosper, de Wisembach.
Instituteur à La Croix-aux-Mines.

507. NOEL, Alexandre, de Pierrepont.
Instituteur à Saint-Dié.

508. OURY, Constant, de La Broque.
Décédé.

509. PERRON, François-Maximilien, de Landaville.
Instituteur à Tranqueville.

510. RAPIN, Charles-Prosper, de Dommartin-sur-Vraine.
A quitté l'enseignement. Chef des bureaux à la sous-préfecture de Mirecourt.

511. RENAUD, Charles-Joseph, de Vaudoncourt.
Professeur au Collège de Toul.

512. TAILLARD, Alphonse-Emile, de La Broque.
Démissionnaire en 1862. Décédé.

513. VILMIN, Jean-Baptiste-Eugène, de Rehaincourt.
Instituteur à Evaux-et-Ménil. Démissionnaire.

PROMOTION DE 1861.

514. BINOT, François-Joseph, de Châtenois.
Instituteur à Midrevaux.

515. BLAISE, Nicolas-Edouard, de Malaincourt.
Décédé en 1885.

516. BOURLIER, Jules-Auguste, de Brechainville.
Instituteur à Vincey. En congé.

317. CLAUDON, Jean-Joseph, de Faucompierre.
A quitté l'enseignement. Décédé.

518. DEMANGE, Nicolas, de Martigny-les-Lamarche.
A quitté l'Ecole en 1862 pour raison de santé.

519. FREBILLOT, Hippolyte, de Dommartin-sur-Vraine.
Instituteur à La Bresse.

520. HAYOTTE, Joseph-Félicien, de Domèvre-sur-Av.
Instituteur à Girmont.

521. HENRY, Charles-Joseph, de Deyvillers.
Directeur de l'école primaire supérieure de Thaon.

522. LALVÉE, Jean-Baptiste, d'Allarmont.
    Instituteur aux Rouges-Eaux.

523. MARIET, Ariste-Auguste, des Thons.
    A quitté l'enseignement. Boulanger aux Thons.

524. MARTIN, Jean-Joseph, de Mandray.
    Décédé.

525. MARTIN, Nicolas-Eugène, de Deyvillers.
    Instituteur à Dommartin-les-Remiremont.

526. MATHIEU, Victor-Isidore, de Ban-sur-Meurthe.
    A quitté l'instruction. Est devenu militaire.

527. MICHEL, Jules, d'Aingeville.
    Instituteur à Vrécourt.

528. LEFÈVRE, Louis-Léon, de Vicherey.
    Instituteur à Dombrot-sur-Vair.

529. NOEL, Charles-Victor, de Morizécourt.
    Instituteur à Cornimont.

530. PIERRON, Nicolas-Joseph, d'Uriménil.
    Instituteur à Jarménil.

531. RICHARD, Claude-Emile, de Malaincourt.
    A quitté l'instruction.

532. VIARD, Joseph, d'Harsault.
    Instituteur à Mont-les-Lamarche.

533. VIRTE, Joseph-Eugène, de Serocourt.
    Instituteur à Arches.

PROMOTION DE 1862.

534. ADAM, Pierre-Auguste, de Sionne.
    Instituteur.

535. BOUVINET, Jean-Baptiste, de Tilleux.
    N'a pas continué ses études.

536. CARTIER, Jean-François, d'Haillainville.
    Instituteur à Regney.

537. COLLIN, Constant, de Coinches.
    Décédé en 1870.

538. CROIZIER, Joseph-Auguste, de Xaronval.
    Instituteur aux Fèches (Dommartin-les-Remiremont).

539. DECELLE, Jean-Baptiste-Auguste, de La Petite-Fosse.
    Instituteur à Châtel.

540. FERRUS, Nicolas-Alphonse, de Martigny-les-Gerbonvaux.
Décédé en 1882.

541. GÉRARD, Constant-Emile, de Trampot.

542. GUÉDON, Pierre, de Rozières.
Décédé avant la fin de ses études (1863).

543. HORIOT, Zéphirin-Charles, de Morizécourt.
Instituteur à Saulxures-les-Bulgnéville.

544. HOUILLON, Jules, de Gruey.
A quitté l'instruction.

545. LEBRUN, François-Alphonse, de Sionne.
A quitté l'instruction. Employé dans l'industrie à Plombières.

546. LECLÈRE, Nicolas-Arsène, de Martigny-les-Gerbonvaux.
A quitté l'instruction.

547. LEMPEREUR, Jacques-Joseph, de Bruyères.
A dû quitter l'enseignement pour raison de santé.

548. LORRAIN, Jean-Baptiste, de Vexaincourt.
Instituteur à Wisembach.

549. MAIRE, Nicolas-Ferréol, de Frenelle-la-Petite.
Décédé en 1863.

550. MARCHAL, Nicolas-Auguste, de Domèvre-sur-Durbion.
Professeur d'allemand au Collège d'Epinal.

551. MATHIEU, Nicolas-Séraphin, de Saint-Pierremont.
A quitté l'enseignement. Commerçant.

552. OUDOT, Simon, de Martigny-les-Gerbonvaux.
Instituteur à Marey.

553. PERRON, Charles-Justin, d'Aouze.
Instituteur à Esley.

554. PIERRON, Nicolas-Félix, d'Uriménil.
Instituteur à Vomécourt.

555. THÉNOT, Louis-Alphonse, de Martigny-les-Gerbonvaux.
Instituteur à Madonne-et-Lamerey.

556. USUNIER, Jules, de Domjulien.
Instituteur à Portieux.

557. VICHARD, Joseph-Alexandre, de Saint-Michel.
A quitté l'enseignement. Greffier de la Justice de paix à Epinal.

PROMOTION DE 1863.

558. BARBIER, Eugène, de Girovillers.
A quitté l'instruction.

559. BEAUCHET, Jules-Joseph, de Bellefontaine.
Décédé instituteur à Uzemain.

560. BESSON, Victor, de Ramonchamp.
A dû quitter l'Ecole pour cause de santé.

561. BLANDIN, Auguste-Pierre, d'Harmonville.
Instituteur à Gircourt-les-Viéville.

562. CÉSAR, Camille, de Saint-Remy.
Décédé avant la fin de ses études (1866).

563. DELOY, Augustin-Eugène, de Domfaing.
Instituteur à Nonzeville.

564. DORGET, Léon-Joseph, de Vittel.
Instituteur.

565. DORON, Joseph-Eugène, du Roulier.
Décédé en 1883.

566. DROUOT, Joseph-Libaire, d'Isches.
Instituteur à Crainvilliers.

567. FARON, Etienne-F., de Gruey.
Négociant à la Chapelle-aux-Bois.

568. HACQUART, Tiburce-Nicolas, de Gugnécourt.
Instituteur à Domvallier. Décédé.

569. MAILLARD, George-François, de Landaville.
Instituteur à Poussay. Décédé.

570. PETITDEMANGE, Nicolas-Joseph, de Belmont.

571. PIÉ, Charles-Joseph, de Moyemont.
Décédé avant la fin de ses études.

572. PIERRAT, Constant-Léopold, de Belmont.
Instituteur à Herpelmont.

573. PLANCOLAINE, Charles-Jules, de Belrupt.
Instituteur à Remoncourt.

574. RENAULD, Hyacinthe-F., de Juvaincourt.
Professeur au Collège d'Epinal.

575. THIÉRY, François, de Saint-Benoit.
Instituteur à Moriville.

576. VICHARD, Charles-Philippe, de Saint-Léonard.
A quitté l'enseignement. Juge de paix à Vézelise.

577. VIGNERON, Charles-Camille, de Vexaincourt.
Avait quitté l'enseignement. Industriel à Bar-le-Duc. Décédé.

PROMOTION DE 1864.

578. BABELOT, Victor, de Circourt.
Instituteur à La Neuveville-sous-Montfort.

579. BATILLOT, Joseph-Victor, de Savigny.
Instituteur à Bazoilles-et-Ménil.

580. BENOIT, Jean-Baptiste-Edouard, de Ronrupt.
A quitté l'instruction.

381. BLOSSE, Jean-Louis, de Ban-de-Sapt.
Instituteur à Les Poullières.

582. COLIN, Nicolas, du Saulcy.
N'a pu entrer à l'Ecole pour cause de maladie.

583. DALBANNE, Eugène, de Pont-les-Bonfays.
Instituteur à Hennezel.

584. HUMBERT, Claude, de Coinches.
Instituteur à Fiménil.

585. HUMBLOT, Léon, de Maxey-sur-Meuse.
Instituteur à Bulléville.

586. HUSSON, Charles-Joseph, de Moriville.
Instituteur à Haillainville.

587. LAGARDE, Nicolas-Auguste, de Grandvillers.
Décédé.

588. LESCOFFIER, Nicolas, d'Aouze.
Instituteur à Lépanges.

589. MAILLARD, Nicolas-Benjamin, de La Neuveville-sous-Châtenois.
Professeur à Paris.

590. MENGEOLLE, Jean-Nicolas, d'Hadigny-les-Verrières.
A quitté l'instruction.

591. MOREL, Hector-Victor, de Pargny-sur-Mureau.
A quitté l'instruction. Commerçant.

592. OGÉ, Jean-Nicolas, de Jeuxey.
Décédé à Blevaincourt (1877).

593. PARIS, François, de Dignonville.
Décédé à Bouzemont (1871).

594. SYLVESTRE, Clem.-Jean-Baptiste, de Mont-l.-Lamarche.
Décédé étant instituteur-adjoint (1863).

595. THIÉRY, Paul-Ernest, de Maxey-sur-Meuse.
Instituteur à Vaudoncourt.

596. THOUVENIN, François-Auguste-Félicien, d'Oëlleville.
Instituteur à Ameuville. Décédé en décembre 1887.

597. VICHARD, Joseph-Emile, de Nompatelize.

598. VILLAUME, Jean-Michel, de Nompatelize.
Instituteur.

599. VOIRY, Marie-Joseph-Nicolas-Auguste, de Gironcourt.
Professeur au Lycée de Bar-le-Duc.

600. PIERSON, Auguste, de Roville-aux-Chênes.
Instituteur à Jeuxey.

PROMOTION DE 1865.

601. ANTOINE, Joseph-Auguste, de Rainville.
Instituteur privé à Oran (Algérie).

602. BARRAT, Joseph-Prosper, de Rainville.

603. COLIN, Jean-Blaise, de Fraize.
A quitté l'enseignement. Notaire.

604. DEMANGEL, François-Zéphirin, d'Hadigny-les-V.
Instituteur à Docelles.

605. DIDIER, François, de Gironcourt.
Décédé.

606. EPPE, Emile-Dominique, de Raon-sur-Plaine.
Décédé.

607. HALLY, Marie-Louis-Eugène, de Frenelle-la-Grande.
N'a pas continué ses études à l'Ecole.

608. HOCQUARD, Nicolas, d'Aouze.
Directeur de l'Ecole primaire supérieure de Gérardmer.

609. LASSAUX, Charles-Nicolas, d'Ollainville.
A quitté l'enseignement. Cafetier à Bar-le-Duc.

610. LEBRUN, François-Jean-Baptiste, de Sionne.
Instituteur à Rollainville.

611. LEDROIT, Jean-Baptiste, de Derbamont.
Inspecteur primaire à Toul.

612. MOREL, Alfred-Anatole, des Vallois.
Professeur au Collège de Toul.

613. MOUGEAT, Victor, d'Haillainville.
Instituteur à Florémont.

614. NORGUIN, Théodore, de Sionne.
N'a pu continuer ses études. Vérificateur des Poids et Mesures.

615. PARISOT, Charles-Aimé, de Frenelle-la-Petite.
Instituteur à Viviers-les-Offroicourt.

616. PLANCOLAINE, Charles-Auguste, de Belrupt.
Instituteur à Godoncourt.

617. SIMONET, Nicolas-Emile, de Pargny-sur-Mureau.
Instituteur à Juvaincourt.

618. VILLEMIN, Constant, de Gruey.
A quitté l'instruction. Comptable à Plombières.

619. DILLET, Paul-Emile, de Saint-Ouën-les-Parey.
Décédé.

620. MIDENET, Célestin-Nicolas, de Martigny-les-Lamarche.
Instituteur à Damas-et-Bettegney.

PROMOTION DE 1866.

621. BLAUDIN, Hector-Auguste, d'Harmonville.
Décédé.

622. CLAUDE, François, de Coussey.
A quitté l'enseignement. Vétérinaire.

623. FERBUS, Jules-Achille, de Martigny-les-Gerbonvaux.
Instituteur à Jubainville.

624. HENRIOT, Léon, de Serqueux (Haute-Marne).
Inspecteur primaire à Ornans (Doubs). Décédé en octobre 1887.

625. HUN, Paul-Auguste, d'Allarmont.
Instituteur à Battexey.

626. BRIAUX, Jude-Théodule, de Châtillon-sur-Saône.
Instituteur en Algérie.

627. FARON, Jules-Félicien, de Gruey.
Instituteur à Cheniménil.

628. RECEVEUR, Joseph, d'Allarmont.
A quitté l'enseignement. Entré dans les Postes et Télégraphes.

629. TISSERANT, Alfred-Victor-Auguste, de Gérardmer.
Instituteur à Menaurupt.

630. ANDRÉ, Ferdinand, de Moyenmoutier.
Instituteur à La Neuveville-sous-Châtenois.

631. BALY, Joseph-Jules, de Plaine.
Instituteur à Pair-et-Grandrupt.

632. NICOLAS, Marie-Emile, de Begnécourt.
Instituteur à Brû.

633. PIERRON, Jean-Charles-Marie, de Dombasle-en-Xaintois.
Inspecteur primaire à Lunéville.

634. DELACONTE, Louis, de Saint-Remy.
Instituteur à Lubine.

635. BERNARD, Auguste-François, d'Harmonville.
Instituteur à Jorxey.

636. GAUTHIER, Albert-Emile, de Morelmaison.
Instituteur à Mandres-sur-Vair.

637. THOUVENIN, Justin-Victor, de Gruey.
Instituteur à Domptail.

638. MOREL, Joseph-Alphonse, d'Aroffe.
Instituteur à Bulgnéville.

639. GALAND, Charles-Auguste, de Vicherey.
A quitté l'enseignement pour le commerce.

640. GEORGES, Julien-Joseph, de Saâles.
A quitté l'enseignement. Gérant du Casino de Cherbourg.

PROMOTION DE 1867.

641. MARTIN, Jules-Edouard, de Vaxoncourt.
Instituteur à Belmont-sur-Buttant.

642. MATHIEU, Charles-Victor, de Vincey.
Décédé.

643. NICOLE, Jean-Baptiste, du Puid.
Inspecteur primaire à Vesoul.

644. CUNY, Jean-Louis-Célestin, de Chatas.
Instituteur à La Voivre.

645. DROUIN, Charles-Joseph, de Vittel.
Instituteur à Saint-Julien.

646. CORNET, Edmond-Victor, du Void-d'Escles.
Instituteur à Frizon.

647. IDOUX, Joseph-Delphin, de Nompatelize.
A quitté l'enseignement.

648. HENRYPIERRE, Jean-Marie-Eugène, de Villers.
Instituteur à Frain.

649. LUC, Louis-Eugène, d'Avranville.
Instituteur à Pargny-sous-Mureau.

650. VILMINOT, Théophile, de La Haye.
Instituteur à Rochesson.

651. CARO, Auguste-Albert, de Pierre-Percée (Meurthe).
Instituteur à Dommartin-les-Vallois.

652. HORIOT, Léon, de Morizécourt.
Décédé en 1872.

653. PERRIN, Marie-Justin, de Lubine.
Instituteur à Gigney.

654. MICHEL, Jean-Baptiste, de Raon-sur-Plaine.
Instituteur à Entre-deux-Eaux.

655. DIDIERJEAN, Léon-Joseph, de Destord.
A quitté l'Ecole avant la fin de ses études (1868).

656. FARON, Jules, de Gruey.
Instituteur à Moyenmoutier.

657. PAYEUR, Jean-Baptiste, de Vexaincourt.
Instituteur à Saint-Genest.

658. DURAND, Charles-René, de Clefcy.
Instituteur à Courupt (Val-d'Ajol).

659. RIPART, Aimé, d'Haréville.
Instituteur à Saint-Remimont.

660. MANGIN, Marie-Joseph-Gustave, de Wisches.
Instituteur à Gircourt-sur-Durbion.

661. FAIRISE, Adolphe-Constant, de Remicourt.
Instituteur à Attigny.

662. LAURENT, Henry-Edouard, de Vouxey.
Décédé dans sa famille en 1870.

PROMOTION DE 1868.

663. PLUMEREL, Césaire-Nicolas, d'Ainvelle.
Instituteur à Isches.

664. MOUGENEL, Charles-Nicolas, de Docelles.
Instituteur à Epinal.

665. VILLAUME, Charles-Félix, de Nompatelize.
Instituteur au Valtin.

666. VERNIER, Jean-Baptiste, de La Bourgonce.
Instituteur à Ventron.

667. AUBERT, Charles-Auguste, d'Archettes.
Commis à l'inspection académique à Epinal.

668. JEANDIN, Emile-Ernest, de La Chapelle-aux-Bois.
Econome au Collège d'Epinal.

669. MATHIEU, Jean-Baptiste, de Moyenmoutier.
Instituteur à Saint-Remy.

670. FRAY, Nicolas-Edmond, de Fontenoy-le-Château.
Instituteur à Derbamont.

671. LEGRAS, Joseph-Emile, de Bouxurulles.
Instituteur à Ambacourt.

672. ORY, Maxime-Jean-Baptiste, de Moncel et Apponcourt.
Instituteur à Hymont.

673. VÉRON, Joseph-Augustin, de Damas-aux-Bois.
Instituteur-à Dombasle-devant-Darney.

674. BERNARD, Léon-Alexis, de Lignéville.
Instituteur à Bazegney.

675. LECOANET, Joseph-Eugène, de La Chapelle-aux-Bois.
Instituteur à Saint-Amé.

676. BADOT, Jules-Nestor, de Domjermain (Meurthe).
Instituteur à Lépanges (Rupt).

677. MARCHAL, Joseph-Marie, de Pargny-sous-Mureau.
A quitté l'enseignement.

678. BRAYER, Joseph-Aristide, de Romain-aux-Bois.
A quitté l'instruction. S'est engagé dans l'armée.

679. PERRIN, Eugène, de La Neuveville-les-Raon.

680. BRENIÈRE, Jules, du Clerjus.
Instituteur à Vagney.

681. RENARD, Eugène-Célestin, de Nonville.
A quitté l'Ecole au bout de quelques mois (avril 1869).

PROMOTION DE 1860.

682. JACQUEMIN, Ed.-Nicolas, de Norroy-sur-Vair.
Instituteur à Belmont-sur-Vair.

683. GÉRARD, Jean-Baptiste, de Senones.
Instituteur à Saint-Stail.

684. COLLOT, Emile-Alfred, de Mont-les-Neufchâteau.
Professeur au Lycée de Pontivy.

685. FRANÇOIS, Jules, de Ménarmont.
Instituteur à Damblain.

686. MICHEL, Paul, de Rehaincourt.
Instituteur.

687. AMIOT, Charles-Victor, de Gendreville.
Décédé dans sa famille en 1870.

688. BERNARD, Narcisse, de Puncrot.
Instituteur à Gerbamont.

689. COLLOT, Aimé-Nicolas, de Fruze.
Instituteur à Saint-Ouen-les-Parey.

690. LAMBERT, Charles-Victor-Marie, de Médonville.
Instituteur à Sartes.

691. GRANDIDIER, Joseph-Auguste, de Mont-les-Lamarche
Décédé en 1875.

692. HAYOTTE, François-Hilaire, de Domèvre-sur-Avière.
Instituteur.

693. VOUILLAUME, Jules-Victor, de Pargny-sur-Mureau.
Instituteur à Removille.

694. STOUVENOT, Gustave-Alphonse, du Vermont.
Instituteur à Dompaire.

695. REMY, Adolphe, de Docelles.
Instituteur à La Baffe.

696. RENARD, Ernest-Auguste, de Frain.
Instituteur à Senaide.

697. CABLÉ, Charles-Ernest, de La Neuveville-sous-Montfort.
Instituteur à Lignéville. Décédé.

698. JACQUOT, Charles, de Courcelles-sous-Châtenois.
Instituteur à Sandaucourt.

699. ZABLOT, Charles-Marie-Alexandre, de Sandaucourt.
Décédé en 1854.

700. FONDREVERT, Anatole, de Rehaincourt.
Instituteur à Verpellière.

701. CLOLERY, Marie-Hippolyte, de Deyvillers.
Instituteur à Clézentaine.

702. PERRIN, Léon-Emile, de Lubine.
A quitté l'instruction pour le commerce.

PROMOTION DE 1870.

703. BADEROT, Auguste, de Moyenmoutier.
Instituteur à Sainte-Marguerite.

704. MIGNON, Charles-Jules, de Tignécourt.
Instituteur à Estrennes.

705. MORLOT, Eugène-Emile, d'Haréville.
Décédé en 1882.

706. Idoux, Jean-Joseph-Auguste, de Coinches.
Instituteur à La Chapelle-aux-Bois. Décédé en 1893.

707. Méline, Georges-Prosper, de Gérardmer.
Instituteur à Saulxures-sur-Moselotte.

708. Etail, Charles-Henri, de Dommartin-sur-Vraine.
Instituteur à Blevaincourt. En congé.

709. Hugo, Charles-Léon, de La Neuveville-sous-Châtenois.
Professeur au Collège.

710. Monchablon, J.-B.-F., de Châtillon-sur-Saône.
A quitté l'instruction. Artiste peintre.

711. Thouvenin, Jules-Joseph, de Suriauville.
Instituteur à Urville.

712. Thiébaut, Charles, de Sainte-Barbe.
Instituteur à Circourt-Dompaire.

713. Thouvenel, Jean-Louis, de Senonges.
Instituteur à Velotte.

714. Chanal, Joseph, de Vexaincourt.
Professeur agrégé d'enseignement spécial au Lycée de Nîmes.

715. Bastien, Julien, du Vermont.
Instituteur à Châtenois.

716. Hacquard, Isidore-Auguste, d'Haréville.
Instituteur à Rouvres-en-Xaintois.

717. Remy, Ernest, des Thons.
Instituteur.

718. Bourion, François-Xavier, de Rehaincourt.
Instituteur à Oncourt.

719. Crovisier, Jules, de Lesseux.
Décédé en 1874.

720. Bastien, François-Joseph, de Gouécourt.
Instituteur à Parey-sous-Montfort.

721. Aubry, Eugène-Jean-Baptiste, de Ruaux.
Décédé.

722. Fleurance, Constant-Charles, de Moyemont.
A quitté l'École en 1870 pour cause de maladie.

723. Lautel, Jules-Joseph, de Landaville.
Instituteur à Aroffe.

724. Arnould, Eusèbe, de La Neuveville-sous-Montfort.
Instituteur en congé.

725. COLLON, Charles-Emile, de Suriauville.
Instituteur au Void-d'Escles.
726. DUHOUX, René, de Chaumouzey.
Instituteur à Laveline-du-Houx.

PROMOTION DE 1871.

727. WŒGEL, F.-Ch.-Victor, de Wilgottheim (Bas-Rhin).
Professeur d'allemand au Collège de Saint-Dié.
728. ERRARD, Charles, de Sandaucourt.
Professeur agrégé au Lycée de Troyes.
729. HUSSON, Eugène-Joseph, de Saint-Remy.
Instituteur à Champdray.
730. JEANNOEL, Myrtil-Jules-M., de Barville.
Décédé en 1873.
731. NOEL, Pierre-Julien, de Malaincourt.
Professeur au Collège à Tlemcen.
732. POIRSON, Cyprien, de Romain-aux-Bois.
Instituteur à Remicourt. Décédé.
733. THOUVENEL, Joseph, de Rouvres-en-Xaintois.
A quitté l'enseignement.
734. IDOUX, Jules, de Saint-Dié.
A quitté l'instruction. Commerçant à Raon-l'Etape.
735. DESHAYES, Charles, de Thuillières.
Instituteur à Raon-l'Etape.
736. LECOMTE, Marcien, de Champdray.
A quitté le département pour aller en Algérie.
737. GAUTHIER, Camille, de Gerbéviller.
Démissionnaire dès sa deuxième année d'Ecole normale.
733. BERNARD, Marie-Paul-François, de Beaufremont.
Instituteur à Serocourt.
730. FRANÇOIS, Nestor, d'Hergugney.
Instituteur à Cleurie.
740. BONLARRON, François-Emile, de Ménarmont.
A quitté l'enseignement pour s'engager dans l'armée.
741. CAEL, Jean-Baptiste, de Saint-Benoit.
A quitté l'instruction.
742. POTHIER, Achille, de Saint-Julien.
Instituteur à Liron (1)

(1) M. Pothier dont le talent, comme dessinateur, est bien connu, vient d'offrir à l'Ecole normale un beau portrait de M. Jules Ferry, qu'il a exécuté d'après une photographie. Nous adressons à l'auteur nos meilleures félicitations et nos sincères remerciments.

743. CHENAL, Auguste-Jean-François, de Damas-aux-Bois.
A quitté l'instruction. Huissier à Epinal.

PROMOTION DE 1872.

744. LHUILLIER, Charles-Louis, de Vicherey.
Instituteur en Algérie.

745. FENARD, Auguste-Adalbert, de Martinvelle.
Inspecteur primaire à Le Quesnoy (Nord).

746. GRATEL, Ch.-M.-V., de Fraisnes-en-Xaintois (Meurthe).
A quitté l'Ecole en 1874 pour devenir frère des écoles chrétiennes.

747. CRÉVISY, Jules-Nestor, de Pouilly (Haute-Marne).
Instituteur à Relanges.

748. BOURGEOIS, Charles-Marie, de La Vacheresse.
Instituteur à Charmagne.

749. CLAUDE, Alfred-Joseph, de Nompatelize.
Instituteur à Rehaupal.

750. ODINOT, Nicolas-Ernest, de Mont-les-Lamarche.
Instituteur au Thillot.

751. MARULIER, Lucien, d'Escles.
Instituteur à Charmois-l'Orgueilleux.

752. CHOUNAVELLE, Joseph, de Damas-aux-Bois.
Instituteur à Grand.

753. FROMENT, Constant-Félicien, de Romont.
Instituteur à Corcieux.

754. MANGEL, Joseph-Marie-Eugène, de Provenchères.
Instituteur à Contramoulin.

755. PERREY, Joseph-Marie-Emile, de Bazoilles-sur-Meuse.
A quitté l'instruction. Soldat.

756. LECOMTE, Paul-Henri, de Saint-Nabord.
Professeur agrégé des sciences physiques et naturelles au Lycée
Saint-Louis, Paris.

757. BÉGIN, Léon, de Saint-Paul.
Instituteur à Attignéville.

758. PIERREFITTE, Théodore, de Belmont.
Instituteur à Gorhey.

759. DÉMONET, Joseph-Alphonse, de Ruaux.
Employé dans l'industrie à Aillevillers.

760. MAMELLE, Jean-Baptiste, de Circourt.
Instituteur à Clérey-la-Côte.

761. DEGAND, Jean-Baptiste-Hippolyte, de Mont-l.-Lamarche.
Instituteur-adjoint à Clichy-la-Garenne (Seine).

762. FRANÇAIS, Basile-Victor, d'Aboncourt.
Professeur d'Allemand au Lycée de Laon.

763. MATHIS, Jean-Baptiste, de Ménarmont.
Décédé en 1832.

764. DUPUY, Marie-Emile-Albert, de Villers.
Instituteur à Vincey.

PROMOTION DE 1873.

765. BOURGAUX, Jean-Emile, de Coussey.
Instituteur à Villotte.

766. BOYÉ, Joseph-Florent, de Lerrain.
Instituteur à Mandray.

767. CHANAL, Emile, de Vexaincourt.
Inspecteur primaire à Beaune.

768. CLAUDÉ, Louis-Joseph, des Voivres.
Instituteur à Epinal.

769. COUNOT, Marie-Louis-Eugène, de Golbey.
Instituteur.

770. FOLCHER, Jean-Claude, de Savigny.
Instituteur à Saint-Maurice-sur-Mortagne.

771. GARDEUX, Camille, de Juvaincourt.
Instituteur à Bains.

772. GARILLON, Jules, de Viviers-le-Gras.
Instituteur à Hergugney.

773. GAUTHIER, Ernest-Alexandre, de La Vacheresse.
Décédé.

774. GEORGES, Charles, de Saâles.
Instituteur à la Grande-Fosse.

775. GRANDJEAN, Joseph-Justin, de La Houssière.
Instituteur en Algérie.

776. GRANDMAIRE, Ernest, de Baudricourt.
Professeur au Collège d'Epinal.

777. HEURET, Amand, de Bleurville.
Instituteur à Viviers-le-Gras.

778. JACQUOT, Paul-Prosper-Jules, de Liffol-le-Grand.
Libraire à Chartres.

779. JÉROME, François-Xavier, de Russ.
A dù quitter le département.

780. LECOANET, Marie-François, de Jarménil.
A quitté l'enseignement. Conducteur des Ponts-et-Chaussées à Epinal.

781. LEMAIRE, Joseph-Justin, de Chatas.
En congé.

782. MARCHAL, Paul-Michel, de La Houssière.
Démissionnaire. Août 1875.

783. MICHAUX, Nicolas-Maxime, de Sartes.
Professeur à l'Ecole normale de Varzy.

784. MOUGEL, Joseph-Emile, de Maxey-sur-Meuse.
Professeur au Collège de Bruyères.

785. PRÉVOT, Joseph-Auguste, de Xertigny.
A été Maître répétiteur au Lycée de Vanves.

786. SEYER, Jean-Baptiste, de Moussey.
Instituteur à Liézey.

787. THIRION, Edmond-Marie, de Morizécourt.
Instituteur à Longchamp-sous-Châtenois.

788. TRÉMEL, Jules-Auguste, de Domremy.
Professeur au Collège de Remiremont.

PROMOTION DE 1874.

789. APPARU, Louis-Marie-Joseph, de Dombasle-en-Xaintois.
Instituteur à Avranville.

790. BOUDOT, Jules-Jean-Joseph, de Luvigny.
A quitté l'Ecole en 1874.

791. COLAS, Joseph-Cyrille, de Rouvres-en-Xaintois.
Instituteur à Gendreville.

702. CUNIN, Félix, de Pair-et-Grandrupt.
Instituteur à Laveline-devant-Bruyères.

703. DELIGNON, Charles-Hubert, de Thiraucourt.
Directeur de l'Ecole normale de Lagord.

704. DOUCHE, George-Ferdinand, de Villotte.
Professeur à l'Ecole normale de Vesoul.

705. ESCHENBRENNER, C.-J., de Mitterheim (Bas-Rhin).
Professeur à l'Ecole primaire supérieure de Gérardmer.

706. JOLY, Joseph-Henri, de Vioménil.
Instituteur à Ubexy.

797. LEMARQUIS, Paul-Henri, de Madegney.
Instituteur à Trémonzey.

798. MAGUERLIN, Joseph-Aimé, de Rouvres-la-Chétive.
A quitté l'enseignement. Comptable dans l'industrie à Epinal.

799. PIERRE, Nicolas-Louis, de Fresnoy (Haute-Marne).
A quitté le département. Instituteur-adjoint à Clichy-la-Garenne.

800. PIERRE, Nicolas, de Biffontaine.
Instituteur-adjoint aux Xettes.

801. PAYOT, Charles-Am.-Marie, de Darney.
Instituteur à Ville-sur-Illon.

802. PETITJEAN, Joseph-Auguste, de Saint-Pierremont.
Instituteur au Val-d'Ajol.

803. ROY, Paul-Emile-Hubert, de Lemmecourt.
Décédé en 1882.

804. ROUSSEL, Prosper, de Saint-Vallier.
Instituteur à Bettegney-Saint-Brice.

805. TURQUET, Charles-Léon, de Bulgnéville.
Professeur à l'Ecole normale de Mirecourt.

PROMOTION DE 1875.

806. BILLET, Nicolas-Henri, de Jainvillotte.
Instituteur à Viocourt.

807. CABLÉ, Célestin-Adolphe, d'Esley.
Décédé. (Instituteur au Void-d'Escles).

808. DUGRAVOT, François-Eugène, de Monthureux-s.-Saône.
Instituteur aux Arpens.

809. DURUPT, Nicolas-Emile, d'Harréville (Haute-Marne).
Instituteur à Mont-les-Neufchâteau.

810. FADE, Joseph-Lucien, de la Petite-Fosse.
A quitté l'enseignement.

811. GAILLET, Jules-Am., de Mont-les-Lamarche.
Instituteur à Blevaincourt.

812. GUERRE, Charles-Hippolyte, d'Etival.
Instituteur à Clairefontaine (Etival).

813. GUIDON, Marie-Louis-Al., d'Urville.
Professeur au Collège de Lunéville.

814. GUYOT, Marie-Louis-Emile, d'Aingeville.
Instituteur à Valfroicourt.

815. HOCQUART, Marie-Charles-Alphonse, de Sandaucourt.
    Instituteur à Brouvelieures.

816. KIENZEL, Charles-Louis, de Plainfaing.
    Instituteur à Padoux.

817. KIENZEL, Romain-Marie-Jules, de Plainfaing.
    Décédé. (Instituteur-adjoint.)

818. LALLEMAND, Georges-H., de Chatas.
    A quitté l'enseignement. Cultivateur à Herbaville.

819. LECHOUX, Emilien-Charles-Auguste, de Rollainville.
    Instituteur à Soulosse.

820. LELIÈVRE, Louis, de Thuillières.
    Instituteur à Senonges.

821. MARQUE, Joseph-Gustave, de Médonville.
    Instituteur à Valleroy-le-Sec.

822. MARULIER, Narcisse, d'Escles.
    Instituteur à Gruey-les-Surance.

823. MONCHABLON, Joseph-Emile, de Brantigny.
    Instituteur à Darney.

824. POIROT, Justin-Nicolas, d'Uriménil.
    A quitté l'enseignement pour cause de santé.

825. RECOQUE, Amand-Eugène, de Martinvelle.
    Instituteur à Vittel.

826. VIRTEL, Emile-Albert, de Damas-et-Bettegney.
    Instituteur à Hadigny-les-Verrières.

827. THIRION, Achille-Isidore, de Beaufremont.
    Rédacteur au *Mémorial des Vosges*, à Epinal.

PROMOTION DE 1876

828. BAUTHENAY, Paul-E., de Grignoncourt.
    Instituteur à Aouze.

829. BESSON, Nicolas-Constant, de La Chapelle-aux-Bois.
    Instituteur à Bonnefontaine (Le Tholy).

830. CAUSIN, Hippolyte-Marie-Emile, de Fréville.
    Instituteur à Morelmaison.

831. CAUVÉ, Charles, d'Uriménil.
    Instituteur à Sainte-Barbe.

832. CHAUMONT, Paul-Victor, de La Neuveville-s.-Montfort.

833. COLIN, Ernest-Jean-Baptiste, de Moussey.
    Démissionnaire.

834. COMMESSE, Nicolas-Prosper, de Valleroy-le-Sec.
   En congé à Xertigny.
835. CORROY, Victor, de Grand.
   Instituteur à Liffol-le-Grand.
836. DAUBIÉ, Jules-B., de Trémonzey.
   A quitté l'enseignement.
837. DEMANGE, François-Lucien, du Roulier.
   A quitté l'enseignement. Piqueur au chemin de fer à Commercy.
838. DÉTREY, Isidore, de La Haye.
   Instituteur à Haulmougey.
839. HOUOT, Joseph-Alexandre, de Girecourt.
   Directeur de l'Ecole primaire supérieure de Charmes.
840. JEANNOT, Léon, de Maxey-sur-Meuse.
   Instituteur à Xertigny.
841. MARCA, Charles-Joseph, de Plainfaing.
   Instituteur à la Haute-Neuveville.
842. MORLOT, Flavien-Joseph, de Martigny-les-Lamarche.
   Instituteur à Morizécourt.
843. PERRIN, Emile-Auguste, de Girecourt-les-Viéville.
   Inspecteur primaire à Langres.
844. RENAUD, Marie-Charles-Joseph, de Frebécourt.
   Instituteur à Landaville.
845. ROBIN, Charles-Joseph, de La Vacheresse.
   Instituteur à Ollainville.
846. SAINTIN, Marie-Constant, de Bleurville.
   Instituteur à Darnieulles.
847. SAUFFROY, Joseph-Félix, de Domèvre-sur-Avière.
   A quitté l'Ecole à la fin de sa première année.
848. SIMON, Louis-Auguste, de Martinvelle.
   Instituteur à Gugney-aux-Aulx.
849. VINCENT, Joseph-Célestin, de La Neuveville-s.-Montfort.
   Instituteur à Fleuzé.

PROMOTION DE 1877.

850. BAUVOY, Joseph-Emile, de Punerot.
   A quitté l'Ecole pour cause de maladie. Décédé.
851. BASTIEN, Paul-Ernest, de Barembach.
   Professeur à l'Ecole des enfants de troupe de Rambouillet.

852. BRAHY, Alfred-Louis, des Vallois.
    Instituteur à Bonvillet.
853. CHOLEZ, Constant-Auguste, de Xertigny.
    Instituteur à Fraize.
854. CLAUDOTTE, Jean-Nicolas, de Rouvres-en-Xaintois.
    Instituteur à Belrupt.
855. DILLET, Auguste-Léon, de Médonville.
    Instituteur à Hennecourt.
856. LAROCHE, Marie-Charles-Auguste, d'Hennecourt.
    A quitté l'Ecole en 1878. Est entré dans l'administration des Postes.
857. LUC, Joseph, de Padoux.
    Instituteur à Ortoncourt.
858. MARTIN, M.-N.-L., de La Neuveville-sous-Montfort.
    Instituteur à Vicherey.
859. MARTIN, Nicolas-Léon, d'Archettes.
    Instituteur à Housseras.
860. MONCHABLON, Louis-Marie, de Brantigny.
    Instituteur à Domvallier.
861. PESEZ, Ferréol-Etienne, de Fontenoy-le-Château.
    Instituteur aux Granges-Richard (Xertigny). Décédé.
862. PIERRE, Nicolas-Emile, de Vagney.
    Instituteur à Charmois-devant-Bruyères.
863. RENARD, Charles-Abel, des Thons.
    Professeur à l'Ecole normale d'Alger.
864. RENAUD, Joseph, de Trémonzey.
    Instituteur à Saint-Benoît.
865. ROVEL, Joseph-Justin, de Colroy-la-Grande.
    Instituteur à La Martinique.
866. SAUNIER, Emile-Louis-Joseph, de Xertigny.
    Instituteur à Razey (Xertigny).
867. THIÉBAUT, Joseph-Eugène, de Sainte-Barbe.
    Instituteur à Mazirot.

PROMOTION DE 1878.

868. DAVID, Jules, du Ménil.
    Instituteur à Crébimont (Saint-Etienne). Décédé.
869. DELAGOUTTE, Joseph, de Colroy-la-Grande.
    Instituteur à Bettoncourt.

870. FRANOUX, Jean-Baptiste, de Provenchères.
Instituteur à La Petite-Fosse.

871. GALMICHE, Marie-Sébastien-Jules, de Laveline-Saint-Dié.
Instituteur à La Hardalle (Plainfaing).

872. GÉHIN, Louis-Jean-Baptiste, de Charmois-devant-Bruyères.
Professeur à l'Ecole primaire supérieure de Gérardmer.

873. GOLBAIN, Edmond-Emile, de La Chapelle-aux-Bois.
Instituteur à Bocquegney.

874. HAIRAYE, Auguste-Célestin, de Saint-Nabord.
Instituteur à Chantraine.

875. JACQUEMIN, Jean-Claude, de La Neuveville (Epinal).
A quitté le département.

876. JAUGEON, Marie-François-René, de Gendreville.
Professeur à l'Ecole primaire supérieure de Thaon.

877. LYONNET, Charles, de Golbey.
Instituteur à Bayecourt.

878. MATHIEU, Louis-Marie-Joseph, d'Hadol.
Inspecteur primaire à Montceau-les-Mines.

879. MATHIEU, Marie-Louis, de Saint-Gorgon.
Instituteur au Tholy.

880. MENGEL, Adrien, de Champdray.

881. MUNIER, Marie-Joseph-Elie, de La Haye.
Instituteur à Dompierre.

882. NOEL, Joseph-Marie-Hippolyte, d'Harol.
Instituteur à Dommartin-aux-Bois.

883. PIERRON, Jean-Baptiste, de Méménil.
Instituteur à Viménil.

884. PIERROT, Léopold-Prosper, de Lironcourt.
Instituteur à Belmont-les-Darney.

885. RODIER, Adolphe-Joseph-Marie, de Senonges.
Professeur dans l'enseignement secondaire.

886. ROUYER, Amand-Henri, de Rainville.
Instituteur à Ameuvelle.

887. THIÉBAUT, Th.-Martin, de Ban-sur-Meurthe.
Militaire.

888. THOUVENOT, Joseph-Elie, de La Haye.
Décédé.

889. Tocquard, Henri-Célestin, de Châtenois.
Professeur au Collège de Saint-Dié.
890. Villaume, Alfred-Joseph, de Saint-Michel.
A quitté l'Ecole pour cause de santé. Décédé.

PROMOTION DE 1879.

891. Chambrotte, H.-Eugène, de Valleroy-le-Sec.
Instituteur à Domèvre-sous-Montfort.
892. Charpentier, Camille, de Saint-Remy.
A dû quitter l'enseignement. Militaire.
893. Caumont, Charles, de Vieux-Moulin.
Instituteur à Clairey.
894. Colnenne, Marie-Jean-Eugène, de Mazelay.
Professeur à l'Ecole primaire supérieure de Thaon.
895. Dédal, Marie-Auguste, de Ramecourt.
Professeur à l'Ecole primaire supérieure de Charmes.
896. Demange, Nicolas-Henri, d'Anould.
Instituteur à Anould.
897. Dorget, Théophile-Emile, de Norroy-sur-Vair.
Employé à la Préfecture de la Haute-Marne.
898. Georgeon, Paul-Constant, de Saint-Léonard.
Instituteur aux Trois-Maisons (Lusse).
899. Gillet, Marie-Auguste, de Saint-Vallier.
Instituteur à Kichompré.
900. Goéry, Lucien, de Fontenoy-le-Château.
Instituteur à Chermisey.
901. Godot, Louis-Hon., Savigny-sur-Orge (Seine-et-Oise).
Instituteur à Zainvillers.
902. Laurent, Marie-Charles-Pierre, de Sartes.
Instituteur-adjoint à Paris.
903. Lhuillier, Auguste, de Moriville.
Instituteur à La Verrerie (Portieux).
904. Lutringer, Benjamin, de Felleringen (Haut-Rhin).
Professeur à l'Ecole normale de Montbrison.
905. Marloy, Claude-Emile, de Grand.
Instituteur à Celles-sur-Plaine.
906. Petitjean, Joseph-Abel, de Girecourt-les-Viéville.
Instituteur aux Vallois.

907. POIROT, Arsène, d'Escles.
   Instituteur à Hardémont.
908. STÉVENEL, Léon-Joseph, d'Anould.
   Professeur à l'Ecole primaire supérieure de Gérardmer.
909. THÉVENOT, Léon-Joseph, de Dompaire.
   Instituteur à Saulcy-sur-Meurthe.
910. THIRION, Léon-Adrien, de Morizécourt.
   Instituteur à Rozières-sur-Mouzon.
911. PERRIN, Paul-Marie-Abel, de Saint-Jean-du-Marché.
   Instituteur à Reblangotte.
912. THOMAS, Joseph-Marie-Félix, de Vittel.
   Instituteur à Fignévelle.

PROMOTION DE 1880.

913. AUBERTIN, Marie-Charles, de Relanges.
   Instituteur à Eloyes.
914. COLIN, Paul, de Gerbépal.
   Professeur à l'Ecole primaire supérieure de Thaon.
915. COLIN, Constant, de Fontenoy.
   Instituteur à Taintrux.
916. DEMANGE, Joseph-H., d'Anould.
   Instituteur à Provenchères-sur-Fave.
917. DÉMOLIS, Pierre-Paul, de Raon-l'Etape.
   Instituteur à Anglemont.
918. DESCHASEAUX, Marie-Joseph, de Bayecourt.
   Instituteur à Villoncourt.
919. GÉRARD, Victor, de Sainte-Barbe.
   Instituteur à La Landre (Le Clerjus).
920. GÉRARDIN, Sulpice, de Bar-le-Duc.
   Instituteur à Autreville.
921. GROSJEAN, Ferdinand, d'Anould.
   Professeur en congé. Boursier à Weimar.
922. LUC, Marie-Paul-S., de Padoux.
   Instituteur à Frais-Pertuis (Jeanménil).
923. MICHEL, Marie-Jules, des Vallois.
   Professeur au Collège de Bruyères.
924. THIÉTRY, Joseph-Alfred, de La Haye.
   Instituteur à Faillières (Saint-Nabord).

925. THIÉTRY, Louis, de La Haye.
Instituteur à Fouchécourt. En congé.

926. THOMAS, Alphonse, de Saint-Dié.
Instituteur à Remémont (Entre-deux-Eaux.)

927. TURQUET, Auguste-Nicolas, de Bulgnéville.
Professeur à l'École normale de Chaumont.

928. VAUTHIER, Eugène-Joseph, de Vittel.
Instituteur à Pierrefitte.

PROMOTION DE 1881.

929. BARET, Eloi, du Clerjus.
Instituteur aux Gouttes-d'Anould.

930. BAUDOIN, Charles-Joseph, de La Chapelle-aux-Bois.
Instituteur à Lassus.

931. BOURCIER, Marie-Auguste, de Frain.
Instituteur à Martigny-les-Gerbonvaux.

932. BOURGON, Jean-Baptiste, de Rupt.
Instituteur à Pleuvezain.

933. CHOGNOT, Henri-Victor, de Barville.
Instituteur à Chapui-Chantré.

934. CUNY, Célestin, de Saint-Pierremont.
Instituteur aux Granges d'Anould.

935. FERRY, Eugène-Remy, d'Estrennes.
Instituteur à La Trouche (Raon-l'Etape).

936. FLORENTIN, Marie-Emile, d'Oëlleville.
Instituteur aux Cours (Saulcy-sur-Meurthe).

937. GÉRARDIN, Jules-Célestin, de Gruey.
Professeur au Collège de Condé-sur-l'Escaut.

938. HERRIOT, Jean-Baptiste, du Puid.
Instituteur à Ban-sur-Meurthe.

939. JACQUEMIN, Charles, de La Baffe.
Instituteur à Sous-le-Bois (Le Clerjus).

940. LAMAZE, Edouard, de Fraize.
A quitté l'enseignement.

941. LAURENT, Elie, de Morelmaison.
Décédé dans sa famille avant d'avoir exercé.

942. LECOMTE, Jean-Joseph, de Granges.
Instituteur au Frébosson (Val-d'Ajol).

8

943. MATHIEU, Charles, de Mont-les-Neufchâteau
Professeur agrégé au Lycée de Besançon.

944. MAUJEAN, Eugène, de Mazelay.
Instituteur-adjoint à Epinal.

945. PARISOT, Victor, d'Ambacourt.
Instituteur-adjoint à Corcieux.

946. PERRARD, Emile, de Ramecourt:
Instituteur-adjoint à Epinal.

947. RICHARD, Paul, de Vomécourt.
Instituteur aux Rouges-Eaux (Taintrux).

948. ROBERT, Paul, de Martigny-les-Lamarche.
Instituteur au Girmont-Val-d'Ajol.

949. ROUSSEL, Charles-Joseph, de Destord.
A quitté l'Ecole pour entrer dans l'Administration des Postes.

950. THUUS Paul-Isidore, de Rebeuville.
Instituteur à Lémont (Vagney).

951. VAREIL, Auguste, de Bulgnéville.
Professeur à l'Ecole normale de Mirecourt.

PROMOTION DE 1882.

952. AUBERT, Charles-Adolphe, de Médonville.
Instituteur à Haudompré (La Chapelle-aux-Bois).

953. BARET, Auguste, de Ruaux.
Instituteur à Morville.

954. BARRARD, Gustave, de Chaumont-la-Ville.
Instituteur-adjoint à Charmes.

955. BASTIEN, Joseph-Alfred, de Denipaire.
Instituteur-adjoint à Saulxures-sur-Moselotte.

956. CHEVRIER, Edouard, d'Hennezel.
Professeur de travail manuel à Paris.

957. COLOMBAIN, Charles-Edouard, du Clerjus.
Instituteur-adjoint à Epinal.

958. COLIN, Louis-Henri, du Clerjus.
Instituteur à Dinozé.

959. DENIS, Joseph-Victor, de Domvallier.
Professeur au Collège de Soissons.

960. EPPE, Joseph-Justin, de Saint-Stail.
Professeur à l'Ecole primaire supérieure de Fourmies.

961. FADE, Joseph-Jules, de Saint-Stail.
Instituteur-adjoint à Saint-Dié.

962. GERBERON, Célestin-Émile, de Gruey.
Démissionnaire en 1884. Décédé.

963. GUIOT, Pierre-Paul, de Domvallier.
Démissionnaire en 1883. Employé à la cristallerie de Baccarat.

964. JEANNOEL, Jules-Ernest, d'Aulnois.
Instituteur-adjoint en congé. Décédé.

965. JORAY, Marie-Jules, du Clerjus.
Démissionnaire en 1883. Entré dans l'administration des Postes.

966. MARTIN, Joseph, de Puzieux.
Instituteur à Gremifontaine.

967. MAURT, Jules-Joseph, de Xertigny.
Professeur au Collège de Libourne.

968. MICHAUX, Nicolas-Léon, de Sartes.
Instituteur à Seraumont.

969. MICHEL, Charles-Toussaint, de Tollaincourt.
Instituteur-adjoint à Remiremont.

970. MICHEL, Georges-Alphonse, de Semouse.
Professeur au Collège d'Avesnes.

971. OURY, Jules-Constant, de Senones.
Instituteur-adjoint à Moussey. Démissionnaire.

972. POTHIER, Charles-Auguste, d'Escles.
Instituteur à Moyenpal.

973. RICHARD, Jules-Emile, de Ruaux.
Instituteur-adjoint à Remiremont.

974. RODIER, Ernest-Alphonse, de Senonges.
Instituteur à Clairefontaine (Hennezel).

975. VIARD, Jules-Céleste, de Gruey.
A quitté le département des Vosges.

976. VOUILLAUME, Auguste, de Pargny-sous-Muréau.
Instituteur-adjoint à Raon-l'Etape. Décédé.

PROMOTION DE 1883.

977. BARADEL, Lucien-Auguste, de La Chapelle-devant-Bruyères.
Professeur à l'Ecole normale de Montbrison.

978. BRABANT, Jean-Baptiste-Paul, d'Anould.
Instituteur-adjoint à Saint-Dié.

979. CHAUFFOUR, Victor, d'Hadol.
Instituteur au Phény (Gérardmer).

980. CONRARD, Julien-Maurice, d'Epinal.
Professeur au Collège de Mirecourt. En congé à Bazegney.

981. CRÉPET, Théophile, de Landaville.
Instituteur-adjoint à Corcieux.

982. DAGNEAUX, Charles-Léon, d'Esley.
Instituteur-adjoint à Gérardmer.

983. DEFER, Paul-Aimé, d'Attigny.
Instituteur-adjoint à Gérardmer.

984. ETIENNE, Paul-Jean-Baptiste, de Combrimont.
Instituteur-adjoint à Saint-Dié.

985. GROSJEAN, Jules-Emile, du Magny.
Instituteur-adjoint à Plombières.

986. JEANDON, Auguste, d'Anould.
Professeur au Collège de Riom.

987. MATHIEU, Auguste-Célestin, de Dompaire.
Instituteur-adjoint à Cornimont.

988. MIETTE, Jules, d'Hurbache.
Instituteur-adjoint à Saint-Dié.

989. MUNIER, Joseph-Théodore, de La Haye.
Instituteur-adjoint à Epinal.

990. POIGNON, Camille, de Moyenmoutier.
Instituteur à La Forain (Senones).

991. POINÇOT, Louis-Marie-Eugène, d'Oëlleville.
Instituteur-adjoint à Bains.

992. POIROT, Adolphe, de Chaumousey.
Instituteur-adjoint à Epinal.

993. RENARD, Joseph, de Frain.
Élève à l'Ecole de Cluny. Décédé en juillet 1867.

994. RICHARD, Charles-Joseph, de Brû.
Instituteur-adjoint à Vecoux.

995. ROBERT, Aimé, de Martigny-les-Lamarche.
Instituteur-adjoint à Raon-l'Etape.

996. SOYER, Paul-Louis, de Robécourt.
Professeur au Collège de Beaufort.

997. VAUTRIN, Marie-Mansuy, de Charmois-l'Orgueilleux.
Instituteur-adjoint à Cornimont.

998. VENDLING, Eugène, de Roville-aux-Chênes.
Instituteur-adjoint au Tholy.

PROMOTION DE 1884

999. ADAM, Jules-Marie, de Maxey-sur-Meuse.
Instituteur-adjoint à Gruey-les-Surance.

1000. BADONNEL, Arthur, de La Baffe.
Instituteur-adjoint à Epinal.

1001. BALLAND, Félix-Irénée, de Fays.
Instituteur-adjoint à Epinal.

1002. BÉDON, Julien, de Dogneville.
Démissionnaire en 1885. Militaire.

1003. BESSON, Marie-Antoni, d'Ambacourt.
Instituteur-adjoint au Val-d'Ajol.

1004. CHEVALME, Bertin-Joseph, du Clerjus.
Décédé dans sa famille en 1887.

1005. COLIN, Joseph-Célestin, de Saint-Michel-sur-Meurthe.
Instituteur-adjoint à Saint-Dié.

1006. COLLIN, Marie-Louis, de Dombasle-devant-Darney.
Instituteur-adjoint à Uzemain.

1007. FAIRISE, Paul, de Remicourt.
Instituteur à Laménil (Arches).

1008. FROITIER, Joseph-Emile, de Gérardmer.
Instituteur-adjoint à l'Ecole primaire supérieure de Senones.

1009. JACQUOT, Jean-Baptiste, de Gerbépal.
Instituteur-adjoint à Fraize.

1010. JEANDEL, Joseph-Eugène, du Saulcy.
Instituteur-adjoint à Moyenmoutier.

1011. KNIPILER, Jean-Baptiste-Ferdinand, de La Croix-aux-Mines.
Instituteur-adjoint à Wisembach. Décédé en 1892.

1012. LAPREVOTTE, Lucien-E., de Blevaincourt.
Instituteur-adjoint à Epinal.

1013. MASSON, Paul-Ed., des Thons.
Instituteur-adjoint à Epinal.

1014. MATHIEU, Charles-Marie-F., d'Hadol.
Instituteur-adjoint à Thaon.

1015. ODIN, Marie-Joseph-Paul, d'Attigny.
Instituteur-adjoint à Martigny-les-Bains. Décédé.

1016. OLRY, Marie-Auguste, de Laveline-devant-Saint-Dié.
N'est pas dans l'enseignement. Militaire.

1017. POIROT, Jean-Baptiste, de Roville-aux-Chênes.
Instituteur-adjoint à Thaon.

1018. RENARD, Henri-Auguste, de Gruey.
Instituteur-adjoint à Moussey.

1019. SERVAS, Léon-Henri, de Châtillon-sur-Saône.
Instituteur en Algérie.

1020. SIMON, Eugène, de Fraize.
Démissionnaire pour raison de santé. Décédé.

1021. SIMON, Marie-Jean-Pierre, de Velving (Moselle).
Instituteur-adjoint aux Bas-Rupts.

1022. THÉVENOT, Louis-Joseph, de Dompaire.
Instituteur-adjoint à Remiremont.

1023. THIÉTRY, Joseph-Elie, de La Haye.
A quitté l'Ecole à la fin de sa deuxième année.

1024. THOUVENIN, Eugène, de Blevaincourt.
Instituteur-adjoint à La Chapelle-aux-Bois.

1025. VALENTIN, Auguste, de Celles-sur-Plaine.
Instituteur-adjoint à Saint-Dié.

1026. VALENTIN, Joseph-Stanislas, de Gérardmer.
Professeur au Collège de Remiremont.

1027. VILLAUME, Emile, de Martigny-les-Bains.
Instituteur-adjoint au Val-d'Ajol.

1028. VOIRIN, Marie-Arthur, du Val-d'Ajol.
Instituteur à Baudimont.

1029. WILLARMET, Léon-Henri, de Nomexy.
Instituteur-adjoint à Charmes.

PROMOTION DE 1885.

1030. BARTHÉLEMY, Paul, de Ménil-en-Xaintois.
Instituteur-adjoint à Moyenmoutier.

1031. BLAISE, Joseph-Aimé, du Clerjus.
Instituteur-adjoint à Remiremont.

1032. BLOT, Victor-Benjamin, d'Essegney.
Instituteur-adjoint à Neufchâteau.

1033. CARNET, Auguste, de Saint-Pierremont.
Instituteur-adjoint à Mirecourt.

1034. CLAVERT, Jean-Baptiste-Adrien, de Moyemont.
Instituteur-adjoint à Raon-l'Etape.

1035. Collotte, Léon-Henri, d'Hennecourt.
Maître-adjoint délégué à l'Ecole normale de Lescar. Décédé en 1892.

1036. David, Paul-Joseph, de La Salle.
A quitté l'Ecole à la fin de la deuxième année.

1037. Frenot, Alfred-Auguste, d'Uriménil.
Instituteur-adjoint à Monthureux-sur-Saône.

1038. Grégis, Albert-Félix, de La Chapelle-aux-Bois.
Instituteur-adjoint à Bulgnéville.

1039. Grandjean, Georges-Emile, d'Attignéville.
Instituteur-adjoint à Bruyères.

1040. Jeandin, Alphonse-Eugène, de La Chapelle-aux-Bois.
Instituteur-adjoint à Epinal.

1041. Masson, Gustave, de Chermisey.
A quitté l'Ecole à la fin de sa première année.

1042. Mathieu, Marie-Paul, de Pompierre.
A quitté l'Ecole à la fin de sa première année.

1043. Mermet, Paul-François-Victor, de Padoux.
Instituteur-adjoint à Rupt.

1044. Noble, Charles-Augustin, d'Ameuvelle.
Professeur à l'Ecole nationale de Vierzon.

1045. Perrin, Jules-Abel, de Beaufremont.
Professeur à l'Ecole normale de Bonneville.

1046. Pierrat, Léon-Joseph, de Longchamp.
Instituteur-adjoint à Lamarche.

1047. Renard, Jules-Céleste, de Gruey.
Rengagé après son année de service militaire.

1048. Stouvenot, Julien, de Lusse.
Décédé.

1049. Thiébaut, Donat-Auguste, de Gruey.
Professeur d'Ecole normale. Décédé en 1891 à Wiener-Neustadt (Autriche).

1050. Varroy, Paul-Donat, de Claudon.
Instituteur-adjoint à Rambervillers.

1051. Villaume, Jean-Baptiste, d'Allarmont.
Instituteur-adjoint à Remiremont.

PROMOTION DE 1886.

1052. Auget, Henri-Edouard, de Liffol-le-Grand.
Instituteur-adjoint à Remiremont.

1053. BALAY, Albert-Joseph, de Saint-Nabord.
Instituteur-adjoint à Epinal.

1054. BASTIEN, Louis-Arsène, de La Chapelle.
Instituteur-adjoint à Gerbépal.

1055. BASTIEN, Camille, de La Vacheresse.
Professeur au Collège de Mirecourt.

1056. COLNEL, Joseph-Jean-Baptiste, de Fremifontaine.
Instituteur-adjoint à Rambervillers.

1057. COSSERAT, Auguste, de Rehaincourt.
Instituteur-adjoint à Raon-l'Etape.

1058. DESCHASEAUX, Auguste-Nicolas, de Xertigny.
Instituteur-adjoint au Clerjus.

1059. DÉTRET, Louis, d'Uzemain.
Instituteur-adjoint à Liffol-le-Grand.

1060. DUCHÈNE, Gabriel-Mod., de La Chapelle-aux-Bois.
Instituteur-adjoint au Thillot.

1061. FOURNIER, Lucien, de Jeanménil.
A quitté l'Ecole à la fin de la première année. Employé des Postes.

1062. FRÉCHIN, Auguste, de Gérardmer.
Instituteur-adjoint à Saint-Dié.

1063. GÉNIN, Henri-Joseph, de Xertigny.
Instituteur-adjoint à Saint-Maurice-sur-Moselle.

1064. HUMBERT, Auguste-Valère, de Moussey.
Instituteur-adjoint à La Neuveville-les-Raon.

1065. JACQUOT, Charles-Lucien, de Bainville-aux-Saules.
Instituteur-adjoint à Ville-sur-Illon.

1066. LALLEMAND, Albert-Nicolas, de Xertigny.
Instituteur-adjoint à Zainvillers.

1067. LEROY, Just-Jean-Baptiste, de Cheniménil.
Instituteur-adjoint à Docelles.

1068. MARCHAL, Emile-Alexandre, de Blemerey.
Instituteur-adjoint. En congé.

1069. MONIOT, Camille, de Dombrot-sur-Vair.
Instituteur-adjoint à Fontenoy-le-Château.

1070. PATRIS, Félix-François, d'Epinal.
Instituteur-adjoint à Saint-Dié.

1071. PATUREL, Félicien, de Bleurville.
A quitté l'Ecole à la fin de la première année.

1072. PAVOZ, Charles, de Raon-l'Etape.
Instituteur-adjoint à Raon-l'Etape.

1073. PIERRON, Victor, de Belval.
Instituteur à La Forain. Décédé en 1803.

1074. PRÉTOT, Jules-Adrien, de Naymont.
A quitté l'Ecole à la fin de la première année.

1075. QUILLÉ, Paul-J.-B., de Crantenoy (Meurthe-et-Moselle).
Instituteur-adjoint à Dompaire.

1076. RICHARD, Henri, de Ruaux.
Instituteur-adjoint à Hadol.

1077. SAVOURET, Joseph-Adolphe, de Damblain.
Instituteur-adjoint à Remiremont.

1078. TISSERAND, Damien, du Val-d'Ajol.
Instituteur-adjoint à Mirecourt.

1079. VANEY, Henri-Eloi, de Deyvillers.
Instituteur-adjoint à Thaon.

1080. WEBER, Emile, d'Arzenheim (Alsace).
Instituteur-adjoint à Epinal.

PROMOTION DE 1887.

1081. ABEL, Prosper-Valentin, de Saulxures-sur-Moselotte.
Instituteur-adjoint à Saint-Ouën-les-Parey.

1082. AUBERT, Charles-Constant, de Dogneville.
Instituteur-adjoint à Bussang.

1083. BAGUET, Emile-Joseph, du Clerjus.
Instituteur-adjoint à Neufchâteau.

1084. BELLOT, Georges-Gabriel, de Valleroy-le-Sec.
Instituteur-adjoint à Xertigny.

1085. COLLETTE, Ernest, de Vieux-Moulin.
A quitté l'enseignement.

1086. DIEZ, Jean-Joseph-Augustin, de Bains.
Instituteur-adjoint à Bains. Service militaire en 1803.

1087. GONETTANT, Georges, de Moriville.
Instituteur-adjoint.

1088. GRANDMAIRE, Paul-Emilien, de Dommartin-aux-Bois.
Instituteur-adjoint à Grand.

1089. GUILLAUMÉ, Eugène, de Laveline-dev.-St-Dié (Raumont).
Instituteur-adjoint à Dommartin-les-Remiremont.

1090. HAILLANT, Louis-Prosper, de Hadol.
Instituteur-adjoint à Remiremont.

1091. HUMBERT, Louis-Auguste-Marie, de Vandéville.
    Instituteur-adjoint à Epinal.

1092. LHOTE, Charles-Gustave, de Hadol.
    Instituteur-adjoint à Cornimont.

1093. MAMET, Lucien-Louis, de Vrécourt.
    Instituteur-adjoint à Remiremont.

1094. MARIATTE, Jean-Baptiste-Emile, de Fraize.
    Instituteur-adjoint à Vittel.

1095. MOUGIN, Jean-Baptiste-Joseph, de Girecourt-s.-Durbion.
    Instituteur-adjoint à Mattaincourt.

1096. NARCY, Adolphe-Onésime, de Liffol-le-Grand.
    Instituteur-adjoint à Gérardmer.

1097. PERRIN, Paul-Joseph, d'Etival.
    Instituteur-adjoint à Senones.

1098. PIERROT, Auguste-Emile, de Vioménil.
    Instituteur-adjoint à Saint-Dié.

1099. RATTAIRE, Camille-Léon, de Anould.
    Instituteur-adjoint à Bains.

1100. REBOUT, Jules-Joseph, du Clerjus.
    Instituteur-adjoint à Darney.

1101. RICHARD, Louis-Joseph-Eugène, de Hadol.
    Instituteur-adjoint à Vagney.

1102. RICHARD, Charles-Louis, de Plombières.
    Instituteur-adjoint à Allarmont.

1103. ROUHIER, Marie-Auguste-Alphonse, du Val-d'Ajol.
    Cultivateur au Val-d'Ajol.

1104. SIMON, François-Théophile, de Velving (Moselle).
    Instituteur-adjoint à Gérardmer.

1105. STOLL, Georges-Frédéric, de Gerstheim (Bas-Rhin).
    Instituteur-adjoint à Saint-Dié.

1106. THIÉBAUT, Jean-Baptiste, des Granges-d'Anould.
    Instituteur-adjoint à Gérardmer.

1107. TISSERANT, Nicolas-Joseph, de Gérardmer.
    Instituteur-adjoint à Saint-Dié.

PROMOTION DE 1888.

1108. BLOSSE, Elie-Célestin, des Poulières.
    Instituteur-adjoint à Ramonchamp.

1109. BOULAY, Arthur-Eugène, de Saint-Remy.
Instituteur-adjoint à Saint-Dié. En congé.

1110. CASSARD, Charles-Léon, de Docelles.
Instituteur-adjoint à Kloyes.

1111. CHRÉTIEN, Jean-Baptiste-Jules, du Boulay.
Instituteur-adjoint à Charmes.

1112. DELAGOUTTE, Louis-Albert, du Ban-de-Sapt.
Institu'eur-adjoint à Rambervillers. Service militaire en 1893.

1113. DUBOIS, Léon-Eugène, du Puid.
Décédé dans sa famille en 1892.

1114. GÉRARD, Joseph-Pian, de Housseras.
Instituteur-adjoint à Charmes.

1115. GERBERON, Jules-Constant, de Gruey-les-Surance.
Instituteur-adjoint.

1116. GOBIN, Jean-Baptiste, de Celles-sur-Plaine.
Instituteur-adjoint à Xertigny. Service militaire en 1893.

1117. GRIVEL, Jean-Baptiste-Albert, de Gérardmer.
Professeur de travail manuel à Remiremont.

1118. LAMIREL, Louis-Victor, de Rouvres-la-Chétive.
Instituteur-adjoint à Senones.

1119. LOSSEROY, Joseph-Adrien, de Harol.
Instituteur-adjoint à Zainvillers (Vagney). Service militaire en 1893.

1120. MANGIN, Claude-Joseph-Louis-Hercule, de Lerrain.
Instituteur-adjoint à Rambervillers.

1121. MARIET, Albert-Augustin, des Thons.
Instituteur-adjoint à Rouceux.

1122. NOEL, Albert-Marie-Joseph, de Gorhey.
Instituteur-adjoint à Thaon.

1123. PIERROT, Ludger-Henri, de Barville.
Instituteur-adjoint à Saulxurés-sur-Mosclotte.

1124. RUAUX, Léon-Donat, d'Epinal.
Instituteur-adjoint à Senones. Service militaire en 1893.

1125. THIÉTRY, Jules-Marie-Joseph, d'Igney.
Instituteur-adjoint à Rambervillers.

PROMOTION DE 1889.

1126. BRICE, Jules-Charles, d'Uzemain.
Instituteur-adjoint à Arches.

1127. CORDIER, Jean-Baptiste, de la Petite-Raon.
Instituteur-adjoint à Plainfaing.

1128. DAVILLERS, Constant, de Harsault.
Instituteur-adjoint à Gruey-les-Surance. Service militaire en 1893.

1129. FRENOT, Joseph-Léon, de Fontenoy-le-Château.
Instituteur-adjoint à Senones.

1130. GAILLOT, Marie-Eugène-Camille, de Igney.
Instituteur-adjoint à Allarmont. Service militaire en 1893.

1131. GEORGES, Nicolas-Théodore, d'Uzemain.
Instituteur-adjoint à Rupt-sur-Moselle.

1132. GILBERT, Joseph-Emile, de Seraumont.
Instituteur adjoint au Thillot.

1133. GIRARDOT, Lucien-Marie-Eugène, de Fremifontaine.
Instituteur-adjoint au Ménil-Thillot.

1134. GOMBERT, Eugène-Alfred, de Ménil-Rambervillers.
Instituteur-adjoint à Tendon.

1135. HUSSON, Marie-Joseph-Gabriel, d'Haillainville.
Instituteur-adjoint à Cheniménil.

1136. JEANDIN, Pierre-Jean-Baptiste, du Clerjus.
Instituteur-adjoint à Saulxures-sur-Moselotte.

1137. LAMAY, Camille, de Ramonchamp.
Instituteur-adjoint à Gérardmer. Service militaire en 1893.

1138. LECOANET, Marie-Nicolas-Arsène, de Vioménil.

1139. LŒUILLET, Gabriel-Isidore, de Harol.
Instituteur-adjoint à Martigny-les-Bains.

1140. MATHIEU, Louis-Fernand, de Gendreville.
Instituteur-adjoint à Mirecourt.

1141. MILLOT, Paul-Jules, de Coussey.
Instituteur-adjoint à Grand. Service militaire en 1893.

1142. MOUGIN, Lucien-Félix, de Gérardmer.
Instituteur-adjoint au Souche d'Anould.

1143. MUNIER, Théodule-Edmond, de Grandrupt-de-Bains
Instituteur-adjoint à Charmes. Service militaire en 1893.

1144. OLIVIER, Louis-Emmanuel, du Clerjus.
Instituteur-adjoint à Bussang.

1145. PETITCOLAS, Romain-Paul-Emile, de Damas-aux-Bois.
Instituteur-adjoint à Charmes. Service militaire en 1893.

1146. THIRIET, Paul-Just-Joseph-Alfred, de Dompaire.
Instituteur-adjoint à Neufchâteau. Service militaire en 1893.

1147. THIRION, Joseph-Alix, de Aouze.
Instituteur-adjoint à Rouceux. Service militaire en 1893.

PROMOTION DE 1890.

1148. ANDRÉ, Paul-Théophile, d'Hurbache.
Instituteur-adjoint suppléant.

1149. BABELOT, Marie-Prosper-Victor-Emile, de La Neuve-ville-sous-Montfort.
Instituteur-adjoint. Service militaire en 1893.

1150. BASTIEN, Victor-Ernest, de Tilleux.
Instituteur-adjoint à Xertigny.

1151. BEAUDOIN, Charles, d'Arches.
Service militaire en 1893-94.

1152. BONMARCHAND, Jean-Baptiste-Edouard, d'Arches.
Elève de troisième année à l'Ecole normale.

1153. BOURGUIGNON, Joseph-Auguste, de Midrevaux.

1154. COLLARDEZ, Jean-Baptiste-Méril, d'Ameuvelle.
Instituteur-adjoint suppléant à La Baffe.

1155. CORNU, Emile-Célestin-Léopold, du Clerjus.

1156. DAVAL, Marie-Jules-Gustave, du Val-d'Ajol.
Service militaire en 1893-94.

1157. FRANOUX, Victor-Alfred, de Malaincourt.
Elève de troisième année à l'Ecole normale.

1158. GRANDCLAUDON, Paul-Mansuy, d'Uzemain.
Instituteur-adjoint à Gruey-les-Surance.

1159. GRAPPIN, Jules, d'Epinal.
Instituteur-adjoint à Plumelec (Morbihan).

1160. JAMBEL, Marie-Charles-Philibert, de Hardancourt.
Service militaire en 1893-94.

1161. JOLY, Joseph-Benjamin, d'Escles.
Instituteur-adjoint à Saint-Dié.

1162. LEGRAS, Emile-Albert, de Bouxurulles.
Instituteur-adjoint à Fraize.

1163. MAITRE, Charles-Edouard, de Housseras.
Service militaire en 1893-94.

1164. MONIATTE, Constant-Emile, de Fremifontaine.
Instituteur-adjoint suppléant.

1165. PIERRAT, Joseph-Albert, de Fraize.
Militaire.

1166. RENARD, Jules-Camille, de La Houssière.
Instituteur-adjoint à Rouceux. En congé.

1167. RICARD, Prosper-Marie-Eugène, de La Chapelle-aux-Bois.
Instituteur-adjoint suppléant à Trougemont.

1168. THOMAS, Joseph-Edmond, de Grignoncourt.
Instituteur-adjoint suppléant à Contrexéville.

1169. VALDENAIRE, Henri-Achille, de Bleurville.
Instituteur-adjoint à l'Ecole primaire supérieure de Senones.

1170. VAUTRIN, Joseph-Germain-Emile, de Sans-Vallois.
Service militaire en 1893-94.

PROMOTION DE 1891.

1171. BARTHÉLEMY, Félix-Gabriel, d'Escles.

1172. BESSON, Joseph-Prosper, de Hadol.

1173. CROCHETET, Lucien-Adrien, du Clerjus.

1174. FAIRISE, Léon-Marie-Eugène, d'Attigny.

1175. FRESSE, Charles-Théodore, du Val-d'Ajol.
A quitté l'Ecole à la fin de la seconde année.

1176. GÉRARD, Christophe-Arthur, du Ban-de-Sapt.

1177. GRANDJEAN, Paul-Albert, du Clerjus.

1178. GRANDMONTAGNE, Joseph-Hyréné, du Clerjus.

1179. GUIZOT, Jules-Camille, de Gerbépal.

1180. GURY, Léon, de Harsault.

1181. HOUBAUT, Charles-Jules-Théodore, de La Baffe.

1182. LAURENT, Marie-Joseph, de Socourt.

1183. MÉLINE, Eugène-Prosper, des Voivres.

1184. MOUGENOT, Pierre-Gustave, de Valleroy-aux-Saules.

1185. PERRIN, Charles-Auguste, de Dompaire.

1186. RICHARD, Jules-Joseph, d'Uzemain.

1187. ROZOT, Paul-Nicolas, de La Chapelle-devant-Bruyères.

1188. SALMON, Jean-Baptiste, d'Anould.

1189. VANNEY, Nicolas-Marie-Nicodème, de Harsault.

PROMOTION DE 1892.

1190. BERTRAND, Marie-Paul-Aimé, de Wisembach.

1191. CLAUDEL, Charles-Edouard, de Ramonchamp.

1192. COLSON, Camille-Emile, de Bulgnéville.

1193. CORNU, Charles-Céleste, du Clerjus.

1194. CORROY, Ernest-Victor, de Grand.

1195. DHALMANN, Charles-Clément, de Thaon.

1196. FADE, Joseph-Emile, de Grandrupt-les-Senones.

1197. GILBERT, Albert-Félicien, de Crainvilliers.

1198. GRAPPOTTE, Nicolas-Alexandre, de Champlitte (Haute-Saône).

1199. GUEUDIN, Charles-Joseph-Eugène, de Savigny.

1200. GURY, François-Auguste, du Clerjus.

1201. HENRYPIERRE, Albert-Denis, d'Offroicourt.

1202. HUGUET, Adolphe, de Midrevaux.

1203. HUIN, Léon-Alexandre-Vincent, de Rozières-sur-Mouzon.

1204. HUSSON, Jean-Baptiste-Gustave-Albert-Adrien, de La Chapelle-devant-Bruyères

1205. JOIGNY, Marie-Jules-Joseph, de Bulgnéville.

1206. MANGIN, Joseph-Martin, de Clézentaine.

1207. MONNE, Pol-Léon, de Gruey-les-Surance.

1208. MOUGEL, Paul-Ernest, de Bruyères.

1209. NOIROT, Marie-Louis-Edmond, de Colombey-les-Choiseul (Haute-Marne).

1210. RAOUL, Charles-Auguste, d'Ambacourt.

1211. THOUVENOT, Auguste-Joseph, de Bainville-aux-Saules.

PROMOTION DE 1893.

1212. BASTIEN, Georges-Marie-Henri, de Gironcourt.

1213. BEAUDOIN, Joseph-Auguste, de La Chapelle-aux-Bois.

1214. BERGEROT, Edouard-Hippolyte, de Renauvoid.

1215. CHAUVELOT, Victor-Henri, de Aouze.
1216. CLAUDE, Jean-Baptiste-Léopold, de Belval.
1217. CUNIN, Charles-Léon, de Berchigranges.
1218. DUBLANC, Charles-Paul, de Martigny-les-Bains.
1219. LAGE, Paul-Célestin, de Martinvelle.
1220. LEGRAS, Auguste-Paul-Alphonse, d'Ambacourt.
1221. MOREL, Charles, de Saint-Maurice-sur-Mortagne.
1222. PERRON, Paul-Emile-Laurent, de Rouvres-la-Chétive.
1223. PIERRE, Georges-Marius, de Mont-les-Neufchâteau.
1224. POIGNON, Frédéric-Léon, d'Epinal.
1225. RENARD, Edmond-Victorien, de Gruey-les-Surance.
1226. TACHET, Lucien-Jules, du Void-d'Escles.
1227. THIÉRY, Marie-Louis-Ernest, de Vaudoncourt.
1228. THIRIET, Auguste, de Thiéfosse.
1229. USUNIER, Léon-Marie-Jules-Joseph, de Portieux.
1230. VIALIS, Joseph-Prosper, de Damas-aux-Bois.

TABLE DES MATIÈRES

www.ingramcontent.com/pod-product-compliance
Lightning Source LLC
Chambersburg PA
CBHW051728090426
42738CB00010B/2148